MES MEILLEURS ENNUIS

Guillaume MÉLANIE

Éditions ART ET COMÉDIE
2, rue des Tanneries
75013 PARIS

Cet ouvrage est réalisé avec le soutien de la SACD

MES MEILLEURS ENNUIS

Création le 22 janvier 2003 au Théâtre d'Edgar à Paris

Avec

Arthur . . . . Sylvain Tempier

Tanguy . . . . Nicolas Martinez

Mme Rodriguez / Romane . . . . Audrey Garcia

Salomé / Marie . . . . Méliane Marcaggi

Stéphane / Richard . . . . Cédric Moreau

Commissaire Dufour / Annabelle . . . Louise Danel

Mise en scène : Guillaume Mélanie

NOTE SUR L'AUTEUR

Guillaume Mélanie est né à Paris le 22 octobre 1977. Passionné dès le plus jeune âge par l'univers du spectacle, il écrit et interprète sa première pièce à dix-sept ans ! Depuis, il ne quitte plus les planches et écrit de délirantes comédies. Et, visiblement, il ne compte pas s'arrêter là !

PERSONNAGES

ARTHUR
TANGUY } Jumeaux, vivant ensemble dans l'appartement.

MME RODRIGUEZ : Gardienne de l'immeuble.

ROMANE : Petite amie d'Arthur.

SALOMÉ : Meilleure copine des jumeaux.

MARIE : Sœur des jumeaux, qui va se marier le jour même.

STÉPHANE : Meilleur pote des jumeaux.

RICHARD : Petit ami de Salomé.

DUFOUR : Commissaire de police (femme).

ANNABELLE : Une chaudasse du Sud.

DÉCOR

Un appartement de jeunes, un lendemain de fête (cotillons, bouteilles vides…).
Un bar, un canapé, une table basse.
Une entrée à Cour et une à Jardin.

*La scène s'éclaire en musique. On est chez les jumeaux.
Mme Rodriguez passe l'aspirateur en dansant et chantant.
Arthur entre, tête de lendemain de fête.*

Mme Rodriguez - Ah ! bonjour Tanguy !

Arthur coupe l'aspirateur et s'assoit sur le canapé.

Arthur - Arthur, madame Rodriguez… Moi, c'est Arthur…

Mme Rodriguez - Oui. Arthur. Tanguy c'est le même problème.

Arthur - Qu'est-ce que vous faites là, Paquita ?

Mme Rodriguez - Ça se voit pas ? Je fais des claquettes ! Qu'est-ce que je fais… Je fais le ménage !

Arthur - Oui, je vois ça, mais on avait dit que vous veniez le mercredi, madame Rodriguez, parce que ça vous arrangeait plus, soi-disant…

Mme Rodriguez - Ah oui ! Mais mercredi, j'ai pas pu ! Il m'est arrivé une tuile, mais une tuile de chez tuile ! Figurez-vous que j'étais partie pour cirer le parquet avec la nouvelle cire d'abeille… Vous connaissez la cire de la pub ?

Arthur - Non, je connais pas la cire de la pub, non…

Mme Rodriguez - Mais si ! La pub : « Nous sommes des petites abeilles et nous faisons des merveilles ! » Tu parles des merveilles, oui ! J'ai commencé à cirer le parquet du rez-de-chaussée, au bout de cinq minutes qu'est-ce qu'elle m'a fait la cire ? Elle me fait des boutons ! Je me suis fait des cloques partout sur le visage. Mme Rufus, la locataire du dessous, elle est sortie, elle m'a pas reconnue, elle m'a emmenée d'urgence à l'hôpital Saint-Louis ! Là, ils m'ont gardée toute la journée. J'ai été obligée d'appeler Mme Ashkénaze, la locataire du premier, pour qu'elle me prenne la petite…

ARTHUR - Bref, bref, bref, madame Rodriguez ! C'est pas grave, mais on avait dit que si vous veniez pas le mercredi, vous veniez… je sais pas, moi… le jeudi, le mardi, le lundi, mais pas le samedi, madame Rodriguez ! En plus ma sœur se marie tout à l'heure à un militaire, on a fait la fête toute la nuit, j'ai dormi deux heures, alors j'ai besoin de calme…

MME RODRIGUEZ - Justement ! À propos de votre petite sauterie d'hier soir, faudrait faire attention au bruit, quand même, parce que Mme Rufus, la locataire du dessous, elle est pas très contente…

ARTHUR - Excusez-nous, on enterrait la vie de garçon du futur marié, logiquement ça ne se reproduira plus…

MME RODRIGUEZ - Si… Bon, je m'y remets, ça va pas se faire tout seul ! Tenez, le courrier ! *(Elle lui tend le courrier.)*

ARTHUR - Ah ! ben, c'est encore ouvert !

MME RODRIGUEZ - Si…

Elle rallume l'aspirateur. Arthur l'éteint.

ARTHUR - Merci, mais vous pouvez y aller…

MME RODRIGUEZ - Mais j'ai pas fini !

Elle le rallume ; il l'éteint.

ARTHUR - Je sais, mais c'est pas la peine de continuer…

Elle rallume plusieurs fois ; il éteint à chaque fois. Il finit par débrancher l'aspirateur.

Mme Rodriguez - Ah !… Je laisse le bordel ? Je laisse la maison tout en bordel ?

Arthur - Voilà… On s'en occupera.

Mme Rodriguez - Très bien, j'y vais… *(En sortant.)* Amusez-vous bien à l'église !

Arthur - C'est ça ! À plus !

Le téléphone sonne.

Mme Rodriguez *(off)* - À plouss' !

Arthur répond au téléphone.

Arthur - Allô ! (…) Ah ! maman ! (…) Oui, je suis debout… (…) Tanguy aussi il est debout, à côté de moi. (…) Non, je peux pas te le passer parce qu'il est debout à côté de moi… sous la douche ! (…) Oui… (…) Quoi ? (…) On y va avec Romane, Salomé et Richard, je te l'ai répété mille fois ! T'es chiante ! (…) Quoi ? (…) Mais pourquoi tu les as pas fait livrer directement à l'église ? (…) Mais si, ça se fait très bien… *(On sonne à la porte.)* Bon, maman, il faut que je te laisse, on sonne à la porte. À tout à l'heure… (…) Oui, maman. Bisous. *(Il raccroche.)* Tanguy, debout !

Tanguy *(off)* - J'arrive !

Arthur va ouvrir la porte. Salomé entre.

Salomé - Ah ! t'es réveillé ! C'est mortel ! J'ai grave besoin de toi !

Arthur - Salomé, qu'est-ce que tu fous là ? On part dans plus de deux heures !

Salomé - J'me barre poser pour des photos, j'en ai pas pour longtemps. J'me change et j'y vais.

Arthur - Quoi ?

Tanguy entre, tête de lendemain de fête.

TANGUY - Salut…

ARTHUR et SALOMÉ - Salut !

ARTHUR - T'as oublié qu'on mariait Marie ce matin ?

SALOMÉ - J'te dis que j'en ai pour une heure à tout briser.

ARTHUR - « À tout casser ».

SALOMÉ - J't'explique : hier soir, on était dans une boîte « Chippendales » pour la soirée de Marie. Moi ça m'a soûlée, j'suis restée au bar, et j'ai rencontré Steven, un photographe professionnel. Il a une séance ce matin à deux pas d'ici, seulement la flippée qui devait poser pour lui lui a foutu un plan, donc il m'a proposé de la remplacer. Point rare.

ARTHUR - « Point barre ». Tu vas remplacer un mannequin ?

SALOMÉ - Ouais.

ARTHUR - Professionnel ?!

SALOMÉ - Ben ouais ! Et alors ?

ARTHUR - Rien… *(À Tanguy.)* Eh ! t'as entendu ? Elle va remplacer un mannequin ! *(Rires.)*

SALOMÉ - Hé ! ho ! *(Elle gifle Arthur.)* J'ai de l'expérience : j'ai été élue trois années consécutives Miss Summer au camping du Hamel Burnouf ! De toute façon, j'ai besoin de faire ces photos, j'ai de gros problèmes de fric…

ARTHUR - T'es payée combien ?

SALOMÉ - Trois mille euros au black !

ARTHUR - Mais Salomé, qu'est-ce que tu fais pour trois mille euros au black ?!

SALOMÉ - Ben, rien de désagréable… Bon, j'y vais. *(Elle va pour sortir.)* Ah! détail important : si Richard appelle, tu lui dis que je suis descendue à la bibliothèque pour chercher un extrait de Bible pour la cérémonie… Tiens, ça c'est le numéro du studio. S'il téléphone, tu m'appelles, j'le rappelle, quoi!

ARTHUR - Parce que Richard n'est pas au courant?

SALOMÉ - Non, excuse-moi, j'me voyais mal lui dire : « Chéri, j'descends poser à poil pour "Penthouse", j'reviens dans une heure! »

ARTHUR - « Penthouse »?

SALOMÉ - « Penthouse ».

ARTHUR - « Penthouse »?!

TANGUY - « Pentouze »!

ARTHUR - « Pentouze »!! Mais Salomé, t'es folle! Tu sais ce que font les filles dans ce genre de magazines?

SALOMÉ - Ben, quoi? C'est la nature…

ARTHUR - La nature… Mais tu connais à peine ce type! Qui te dit que c'est pas un gros vicieux qui va te foutre… je sais pas, moi… complètement à poil au milieu d'une bande de gorilles en érection?!

SALOMÉ - Une bande de gorilles en érection? J'adore!

ARTHUR - Oui, j'ai déjà vu : « New Look », mars 2001!

SALOMÉ - Non, mais t'es hystéro, Arthur! Tanguy, dis quelque chose!

TANGUY - Mal à la tête…

SALOMÉ - Bon, j'vais faire des photos légèrement dévêtue, mais c'est bon! J'suis majeure et toutes mes dents, j'risque rien. De toute façon, Richard dort comme un loup.

ARTHUR et TANGUY - « Un loir » !

SALOMÉ - Il appellera pas ! Au pire, si y'a un problème, vous m'appelez.

ARTHUR - D'accord, mais c'est la dernière fois, Salomé…

SALOMÉ - Promis. T'es un amour. *(Elle lui fait signe d'approcher.)* Hep ! hep ! hep ! *(Elle l'embrasse.)* Twingo ! *(Elle va pour sortir).* Ah ! au fait, les gars…

ARTHUR et TANGUY- Quoi ?

SALOMÉ - J'ai eu Mme Cheville au téléphone. Il faut absolument que quelqu'un appelle Achille, il va pas bien…

ARTHUR et TANGUY- Encore ?

SALOMÉ - Ouais… *(Elle sort.)* Allez, à plus, bisous, ciao, bye !

ARTHUR - Ouais… À plus, bisous, ciao, bye… *(Le téléphone sonne.)* Tanguy, réponds ! C'est maman. Moi, je l'ai déjà eue…

TANGUY *(au téléphone)* - Allô ! (…) Oui, maman… (…) Oui, je suis réveillé, tu vois… (…) Non, pas beaucoup… (…) Quoi ? (…) Mais on y va avec Romane, Salomé et Richard, je te l'ai répété mille deux cent douze fois ! T'es chiante ! (…) Hein ? (…) Non, on n'a rien reçu…

ARTHUR - Je comprends pas pourquoi elle les a pas fait livrer direct à l'église… *(On sonne à la porte.)* Ah ! moi j'y vais pas ! Je vais faire du café. Tu vas ouvrir. Et si t'as un moment, profites-en pour appeler Achille, il va pas bien…

Arthur sort.

TANGUY *(au téléphone)* - Bon, maman, on sonne à la porte… (…) Oui, je vais ouvrir… À tout à l'heure… *(Il raccroche.)* Qu'est-ce qu'ils ont tous à me faire chier ce matin ?

Il va ouvrir. Romane entre.

ROMANE - Tanguy ! J'crois que j'suis enceinte !

TANGUY - Quoi ?!

ROMANE - Je suis enceinte Tanguy je crois !

TANGUY - Jure !

ROMANE - Mais je te jure ! Enceinte je suis je crois Tanguy !

TANGUY - Oui, bon, ça va, j'ai compris…

ROMANE - J'comprends pas comment ça a pu arriver, on a fait super attention, j'ai pris ma pilule tous les soirs à la même heure, j'suis hyper sérieuse, j'fais tout pour que ça s'passe bien, en plus Arthur en ce moment il est vachement distant, à la maison ça va pas, j'me sens plus chez moi et là j'ai trois semaines de retard, ça m'bouffe la tête, j'ai pas osé en parler à ton frère parce que ça va pas, j'sais plus où j'en suis, et pour couronner le tout mon nouveau Spir 2000 m'a lâchée ce matin… *(Elle fait une crise d'asthme.)*

TANGUY - Ça y est, elle va nous taper un arrêt respiratoire ! Fais le petit chien !

ROMANE *(ne comprenant pas)* - Ouah ! ouah !

TANGUY - Mais qu'est-ce qu'elle fait ? Qu'est-ce que tu fais ? Tu souffles à la façon du petit chien ! *(Il lui montre. Elle souffle.)* Ventoline ! *(Elle lui donne son sac. Il sort la Ventoline et lui fait aspirer trois grandes bouffées. Elle s'assoit.)* Ça va mieux ?

ROMANE *(encore haletante)* - Oui…

TANGUY - Bon, je vais chercher Arthur, il est dans la cuisine.

ROMANE - Attends ! Laisse-moi me mettre en condition, je sais absolument pas comment lui dire…

TANGUY - Écoute, c'est simple : dans ce genre de situation, et en particulier avec Arthur, le mieux c'est d'être franc et direct.

ROMANE - Franc et direct ?

TANGUY - Je pense.

Arthur entre.

ARTHUR - Bon, j'en ai lancé du bien serré parce qu'il va falloir tenir toute la journée ! *(Il voit Romane.)* Ben, t'es déjà là, toi ?

ROMANE - Oui, je… je suis passée plus tôt parce que… parce que… j'ai flingué mon nouvel aspirateur !

ARTHUR - Ah ! merde ! Et alors ?

ROMANE - Rien. Je voulais te le dire, c'est tout.

ARTHUR - Eh ben, ça y est, tu l'as dit… T'as pris ton p'tit déj' ?

ROMANE - Non, pas encore.

ARTHUR - Bon… Opération petit déj' donc. Je vais chercher le reste, je m'habille et j'arrive. Tanguy, tu peux surveiller le café s'il te plaît ?

Arthur sort.

TANGUY - Dis donc, tu te fous de ma gueule, toi ? C'est ça, « franc et direct » ?

ROMANE - Tanguy, j'peux pas, il va super mal réagir… Tu le connais, non ?

TANGUY - Justement ! Quoi qu'il arrive, t'es dans la merde ! Alors débarrasse-t'en au plus vite… En plus, c'est même pas dit qu'il réagisse mal ! C'est pas de ta faute ?

ROMANE - Non.

TANGUY - Tu l'as pas fait exprès ?

ROMANE *(gênée)* - Non…

TANGUY - Alors y'a aucune raison qu'il te fasse une chiasse ! *(Elle gémit.)* Bon, bon, bon !… *(Il la fait asseoir.)* Tiens, une fois, quand on était gamins avec Arthur, je lui ai cassé sa petite voiture préférée. J'étais pétrifié à l'idée de lui dire. Eh ben, le soir, en rentrant de l'école, tu sais ce que je lui ai dit ?

ROMANE - Non.

TANGUY - Je lui ai dit, mais alors sans détour, hein, franc et direct, je lui ai dit : « Arthur, j'ai cassé ta voiture préférée. » Eh ben, tu sais ce qu'il a répondu ?

ROMANE - Non.

TANGUY - Il a répondu : « C'est pas grave… » Alors, tu vois, c'est pas grave !

ROMANE - Bien sûr, je vais lui dire : « Arthur, je suis enceinte, tu vas être papa » et il va répondre : « C'est pas grave… »

TANGUY - Écoute, Romane, j'en sais rien, moi ! Je suis pas le papa, j'suis le tonton, alors je te donne des conseils, tu les suis, tu les suis pas, c'est ton problème ! Moi j'ai mal à la tête, j'me suis enchaîné aux Tequilas Paf toute la nuit, j'ai dormi une heure douze, ma sœur se marie tout à l'heure avec un beauf militaire, alors tu vois, j'ai un peu autre chose à foutre !

ROMANE - O.K., keep cool… J'vais suivre tes conseils : j'vais être « franc et direct »…

TANGUY - Sage décision…

Arthur entre avec le café, énervé.

ARTHUR - Heureusement que je t'avais demandé de surveiller le café, Tanguy !

ROMANE - Arthur, j'ai cassé ta voiture préférée !

ARTHUR - Quoi ?

ROMANE - Non, je déconne… Arthur, je crois que je suis enceinte.

ARTHUR *(hurlant)* - Quoi?! *(Il se reprend.)* C'est pas grave…

TANGUY *(à Romane)* - Ah!… Qu'est-ce que je disais?

Arthur lui fait signe de sortir et fait asseoir Romane.

ARTHUR - T'es enceinte?

ROMANE - Je crois…

ARTHUR - Elle croit…

ROMANE - J'ai fait un test de grossesse ce matin, il était positif, mais faut faire une prise de sang pour être sûr…

ARTHUR - Elle a fait un test de grossesse ce matin, il était positif, mais faut faire une prise de sang pour être sûr… Test de grossesse positif mais prise de sang pour être sûr…

Changement de lumière. Tanguy et Romane chantent « Il est né le Divin Enfant ».

ARTHUR - Test de grossesse positif mais prise de sang pour être sûr…

ROMANE - Arrête, Arthur! T'es con ou quoi?

ARTHUR - Non, j'assimile…

Le téléphone sonne. Arthur ne réagit pas.

ROMANE - Téléphone… Téléphone… *(Elle crie.)* Arthur, téléphone! (Elle décroche et lui donne le combiné.)*

ARTHUR *(au téléphone, totalement neutre)* - Allô! (…) Oui… (…) Oui… (…) Ah! d'accord… *(Il raccroche et ne dit rien.)*

ROMANE - C'était qui?

ARTHUR - C'était Marie. Elle veut plus se marier, elle arrive.

ROMANE - Ah bon !

ARTHUR - C'est normal, c'est la journée. Bon, on s'en fout ! Comment ça a pu arriver ? Tu prenais pas la pilule ?

ROMANE - Ben si.

ARTHUR - Et tu l'as arrêtée ?

ROMANE - Ben non.

ARTHUR - Alors maintenant on peut avoir des bébés avec la pilule ?!

ROMANE - Ben, peut-être…

ARTHUR - C'est quoi ce bordel ? Tu vas voir, je vais écrire au ministère de la Santé, moi, ça va pas faire un pli ! Non, mais des bébés avec des pilules…

ROMANE *(recommençant à suffoquer)* - Mais arrête de crier ! Tu crois que je l'ai fait exprès ou quoi ? *(Crise d'asthme.)*

ARTHUR - Ah non ! Ça va pas recommencer ! Déjà que t'es enceinte… Ventoline ! *(Romane s'assoit sur le canapé. Il lui fait aspirer trois grandes bouffées de Ventoline.)* Ça va mieux ?

ROMANE - Oui…

ARTHUR - Fais-moi une place. *(Il s'assoit.)* Bon, t'as pris rendez-vous pour la prise de sang ?

ROMANE - Lundi, neuf heures.

ARTHUR - Y'a rien d'autre à faire pour le moment ?

ROMANE - Non.

On entend des pleurs de bébé.

ARTHUR - Romane, tu imagines notre vie avec un bébé ?

ROMANE - Je sais pas…

Tanguy entre.

TANGUY - Excusez-moi… Arthur, t'as appelé Achille ?

ARTHUR - Non, j'ai d'autres chats à fouetter. Chaque problème en son temps.

ROMANE - Qu'est-ce qu'il a Achille ?

TANGUY - Il va pas bien.

ROMANE - Sa dépression ?

ARTHUR et TANGUY - Oui, sûrement…

ROMANE - Quand même, plus j'y réfléchis, plus je me dis que d'être dépressif, ça doit pas être drôle tous les jours… *(Silence.)* Bon, il faut que je passe voir ma mère. Je repasse tout à l'heure. On part toujours à onze heures ?

ARTHUR - Si le mariage n'est pas annulé…

TANGUY - Ce serait le bouquet !

ARTHUR - Oui, ben, parlons-en du bouquet ! On n'est pas près de l'attraper : Marie vient d'appeler, elle veut plus se marier, elle arrive…

Romane va pour embrasser Arthur. Il tourne la tête.
Tanguy se cogne dans le bar.

TANGUY - Quoi ?!

ROMANE - Bon, ben, salut…

ARTHUR - Salut.

Romane sort.

TANGUY - Tu déconnes ?

ARTHUR - Non, je déconne pas. J'ai pas plus d'infos que toi. Elle arrive… *(Le téléphone sonne.)* Si c'est maman, t'es au courant de rien !

Tanguy décroche. Arthur commence à ouvrir le courrier.

TANGUY *(au tél)* **-** Allô ! (…) Ah ! salut Achille… *(À Arthur.)* C'est Achille. *(Au téléphone.)* Comment ça va, mon Chillou ? (…) Oui, Salomé nous a dit ça… (…) Ben oui, ça va, ça vient, c'est le principe du train…

ARTHUR - Putain ! Mille deux cent trente euros de téléphone ! C'est quoi cette blague ? Tanguy ! Tanguy, raccroche… Tu raccroches !

TANGUY *(au téléphone)* **-** Attends, j'ai un problème, là… Je te rappelle. *(Il raccroche.)* Qu'est-ce qui t'arrive ?

ARTHUR - Mille deux cent trente euros de téléphone ! Qu'est-ce que t'as foutu ? T'as appelé au Nicaragua ou quoi ?!

TANGUY - Ça doit être une erreur…

Le téléphone sonne.

ARTHUR et TANGUY - T'y vas.

ARTHUR - Non, t'y vas.

TANGUY - T'y vas.

ARTHUR *(lui montrant la facture)* **-** Non, tu y vas !

TANGUY - Bon, O.K., mais prépare-moi un Doliprane parce que j'ai mal au crâne !

ARTHUR *(se dirigeant vers le bar)* **-** Mille deux cent trente euros de téléphone, tu vas en bouffer du Doliprane…

Tanguy décroche. Arthur prépare un verre et des médicaments. Pendant l'appel, Arthur avale les Doliprane et se cache.

TANGUY *(au téléphone)* **-** Allô ! (…) Lui-même… (…) Bonjour… (…) Pardon ? (…) Quelle confirmation ? (…) Attendez, il doit y avoir une erreur, elles ont été payées l'an passé nos amendes RATP ! (…) C'est une blague ?!… Allô ! Allô ! *(Il raccroche.)* Oh ! putain ! Arthur !

ARTHUR - Quoi ?

TANGUY - Viens là !

ARTHUR - Je suis en train de faire quelque chose !

TANGUY - Tu veux que je vienne t'aider ?!

ARTHUR *(sortant de sa cachette)* - Non…

TANGUY - Je viens d'avoir un coup de téléphone du bureau des huissiers de justice…

ARTHUR - Ah bon ?

TANGUY - Oui, ils m'appelaient pour vérifier qu'on était là, parce qu'ils passent saisir les meubles dans moins d'une heure pour refus de paiement après plusieurs rappels des amendes RATP de l'année dernière !

ARTHUR - Ah bon ?

TANGUY - Ne fais pas l'étonné, Arthur, tu es au courant de tout, tu les as eus au téléphone plusieurs fois cette semaine… Alors, qu'est-ce que c'est que cette histoire, putain de bordel de merde !

ARTHUR - Je voulais pas t'affoler… J'ai eu un petit problème…

TANGUY - Je les connais par cœur tes petits problèmes, Arthur ! Pourquoi tu m'as pas dit que t'avais reçu un avis de passage ?

ARTHUR - J'ai pas eu le temps…

TANGUY - Tu te fous de ma gueule ? Conclusion, avec tes conneries, ils viennent saisir le mobilier pour une somme de…

ARTHUR - … deux mille six cent quarante euros…

Bruit de caisse enregistreuse.

TANGUY - Et il connaît le chiffre par cœur, en plus ! Putain ! Presque deux briques pour deux simples amendes de même pas trois cents balles, y'a quelque chose qui m'échappe !

ARTHUR - Vu que c'était à l'époque du déménagement, j'pensais pas qu'ils nous retrouveraient… J'ai fait l'anguille ! *(Rires.)*

TANGUY - T'as fait l'anguille ! *(Rires ironiques.)* Mais t'es con ! On a fait tous les changements d'adresse ensemble ! Et je t'avais filé du fric pour payer, en plus !

ARTHUR - Oh ! merde !

TANGUY - Bon, il faut trouver une solution…

ARTHUR - Oh ! merde !

TANGUY - Et arrête de dire « merde » !

ARTHUR - Merde !

TANGUY - Qu'est-ce que je viens de dire ? *(Il lui donne un coup de pied puis une claque.)* T'as intérêt d'empêcher ça, Arthur, parce que s'ils prennent la petite commode de tante Agathe, maman elle meurt !

ARTHUR - Mais comment tu veux que j'empêche ça ? Faudrait que je trouve près de trois mille euros en même pas une heure ! Je ne peux pas !

TANGUY - Je m'en fous, c'est pas mon problème. Assume-toi un peu ! *(Musique classique. On sonne à la porte de façon hystérique.)* Merde ! C'est pas eux, quand même ?

ARTHUR - C'est peut-être Marie ?

ARTHUR et TANGUY *(se regardant)* - Qu'est-ce que c'est que ça encore ?

> *Ils vont ouvrir la porte.*
> *Stéphane entre comme un fou et cherche à se cacher. Fin de la musique.*

ARTHUR et TANGUY - Oh !

Stéphane *(paniqué)* - Oh ! putain, les jumeaux, je suis dans une merde !

Tanguy - Mais ça va pas, Stéph' ! C'est quoi cette entrée ?

Stéphane - Quoi, « qu'est-ce que c'est cette entrée » ? Regarde, première page du journal. *(Il lui tend un journal.)*

Tanguy - Oh ! c'est toi !

Arthur - T'es dans le journal ? *(Il prend le journal et se met à le lire.)*

Stéphane - Eh ben, j'm'en serais bien passé, figure-toi !

Tanguy - Qu'est-ce qui se passe ?

Stéphane - On m'a trempé dans un trafic de drogue et j'ai rien vu !

Tanguy - Quoi ?!

Stéphane - Oui ! C'est à cause de Bob, mon cousin. Il est coiffeur et il se faisait livrer du henné à la maison depuis quelque temps. Seulement, ce matin, quand le facteur m'a tendu le paquet, la brigade des douanes m'est tombée dessus en me disant que le colis avait été repéré à la Poste par des chiens et qu'il contenait…

Arthur *(lisant à haute voix)* - … deux kilos de cocaïne !

Tanguy - De la cocaïne ?

Stéphane - Oui ! Et vu que je suis le destinataire et que j'ai signé le reçu, je suis responsable du paquet et de son contenu…

Tanguy - Oh ! le con !

Arthur - Merde ! T'as balancé ton cousin ?

Stéphane - Non… J'ai regardé le douanier dans les yeux et paf ! je l'ai assommé !

TANGUY - C'est un malade !

ARTHUR - Stéph', mais pourquoi t'as fait ça ?

STÉPHANE - Parce que je veux pas aller en prison ! *(Il tombe dans les bras d'Arthur qui l'installe sur le canapé.)*

Le téléphone sonne. Tanguy décroche.

TANGUY *(au téléphone)* - Allô ! (…) Ah ! écoute, Achille, j'vais encore pas pouvoir te parler, là… (…) Non, c'est pas ça, mais on a une grosse merde qui vient juste d'arriver…

STÉPHANE *(se levant)* - C'est moi la grosse merde ?

Arthur rassoit Stéphane et le réconforte.

TANGUY *(au téléphone)* - … et il faut qu'on s'en occupe. Je te rappelle dans un quart d'heure… (…) D'accord, à tout à l'heure. Bisous. *(Il raccroche.)* Qu'est-ce que tu vas faire ?

STÉPHANE - J'en sais rien, moi… Trou noir !

Noir. Arthur sort une lampe de poche.

TANGUY - T'as pas été suivi ?

STÉPHANE - Non, je crois pas.

TANGUY - Bon, alors, Arthur, c'est notre pote, il va se cacher ici pendant quelque temps, c'est clair ?

ARTHUR - Oh non ! Mais on va le mettre où ?

STÉPHANE - Et mon boulot ?

TANGUY - Ton boulot, c'est fini ! Si t'y mets les pieds, c'est prison direct !

STÉPHANE - J'ai même pas pris d'affaires propres !

ARTHUR - Il se fout de notre gueule, là !

TANGUY - Oh ! Dalida ! À l'heure qu'il est, ton appartement doit être occupé par une douzaine de flics ! C'est même étonnant que t'aies pu arriver jusqu'ici ! T'imprimes ?

STÉPHANE - Mais je veux pas être en cavale toute ma vie !

On sonne à la porte.

TANGUY - Merde ! Les huissiers !

MARIE *(off)* - Les jumeaux ! C'est moi ! C'est Mariiie !

ARTHUR - Ah non ! Ça c'est une autre emmerde ! *(À Stéphane.)* Cache-toi, vite !

TANGUY *(à la porte)* - T'es toute seule ?

MARIE *(off)* - Mais oui, ouvre !

Tanguy va ouvrir. Marie entre, vêtue d'une immense robe de mariée.

MARIE - Désolée de débarquer, mais il fallait absolument que je vous voie…

ARTHUR - Marie, qu'est-ce que tu fais déjà comme ça ? En tout cas, t'es magnifique…

MARIE - Ben, j'vais à la piscine, ça se voit pas ?

Arthur et Marie se disputent.

TANGUY - Bon, ça va ! Marie, qu'est-ce qui se passe ?

MARIE - Je voudrais fumer un joint.

ARTHUR, TANGUY et STÉPHANE - Quoi ?!

ARTHUR - Tu fugues deux heures avant ton mariage pour fumer un joint ?!

MARIE - Ben oui ! J'en ai jamais fumé, et avec Benji j'en fumerai jamais ! Il est tellement… militaire…

ARTHUR - J'hallucine ! Ma sœur qui veut se défoncer le jour de son mariage !

TANGUY - Écoute, moi, c'est pas mon genre mais je crois que c'est une très bonne idée. Il en reste un petit bout, ça détendra tout le monde !

ARTHUR - Tanguy ! On n'a pas que ça à foutre !

TANGUY - Toi, pense aux huissiers et à ta paternité !

ARTHUR - Vas-y, roule !

Tanguy sort.

STÉPHANE *(sortant de sa cachette)* - Je vois que tout le monde est euphorique ! On fait youki-youka, on fume du… du…

ARTHUR - … du joint…

STÉPHANE - Oui ! C'est ça le programme ?

MARIE - Ben, Stéph', t'es là ? J'croyais que tu devais travailler, ce matin ?

STÉPHANE - Moi aussi je croyais que je devais travailler, seulement figure-toi…

ARTHUR - … qu'il voulait te faire une surprise ! C'est cool, non ?

MARIE - Oui, c'est cool…

ARTHUR *(à Stéphane)* - Oui ! C'est cool !

STÉPHANE - Oui, c'est cool… *(Il s'assoit.)*

ARTHUR - Bon, Marie, t'es pas venue ici juste pour fumer un joint ?

MARIE - Non ! Pour me vider la tête aussi. Ils me mettent tous la pression ! Tu connais maman. Elle est hystérique, elle m'a levée à six heures pour les préparatifs, là elle est repassée à la salle pour tout re-vérifier… alors j'en ai profité pour m'enfuir. J'en peux plus, Arthur ! Je me demande si je fais pas une connerie !

Marie s'écroule dans les bras d'Arthur. Il l'installe sur le canapé, à côté de Stéphane.

ARTHUR - Calme-toi, essaye de t'asseoir…

Tanguy revient avec un joint allumé.

TANGUY - Voilà ! Le premier et le dernier joint de la condamnée ! *(Il tend le joint à Marie.)*

ARTHUR - Si maman était là, elle ferait un arrêt cardiaque…

MARIE - Oui, ben, laisse-la où elle est ! *(Elle tire une taffe.)* C'est bon comme ça ?

TANGUY - Avale la fumée.

ARTHUR - Tanguy !

TANGUY - Quoi, « Tanguy » ? Fais pas ta mijaurée ! Si elle avale pas, ça marche pas !

Marie tire sur le joint en avalant la fumée plusieurs fois de suite.

STÉPHANE - Mais je suis en plein délire, là ! Famille de malades ! *(À Marie.)* Donne-moi ça, toi ! C'est mauvais ! C'est de la drogue ! *(Il prend le joint et fume.)*

ARTHUR - Mais ne le laisse pas fumer, lui, il va être malade ! Oh là là ! Les histoires…

Tanguy récupère le joint, fume et le donne à Arthur, qui fume à son tour.

MARIE *(un peu stone)* - Je suis bien contente, y'a qu'avec vous que je peux faire ce genre de conneries… Benjamin il est tellement strict… Je suis hyper amoureuse, mais vivre avec lui c'est pas drôle tous les jours : tout est organisé, chronométré... L'imprévu, il connaît pas ! On mange tous les soirs à la même heure, le matin il me réveille au clairon, il arrête pas de faire des listes de partage des tâches... Et quand il me parle, c'est limite si je dois pas me mettre au garde-à-vous ! *(Pendant sa réplique, elle met des claques de plus en plus fortes à Tanguy.)*

ARTHUR *(fumant le joint)* - C'est juste une question d'organisation dans le couple, Marie... Avec toi, il va être obligé de se détendre...

TANGUY - Écoute l'expert en couple !

MARIE - J'espère... J'peux ravoir le truc, là ?

TANGUY - Eh ben, t'y prends vite goût !

STÉPHANE - Moi, j'me sens vachement mieux... J'ai les dents du fond qui poussent, mais c'est plutôt agréable...

MARIE *(avachie et tirant à fond sur le joint)* - Moi, en tout cas, je suis défoncée !

ARTHUR *(à Tanguy)* - T'es content ? On se retrouve avec deux toxicos sur les bras !

TANGUY - Oh ! ça va !

ARTHUR - Bon, ben, moi, je vais chercher des gâteaux ! Ça me donne toujours faim ces conneries ! *(Il va pour sortir.)*

MARIE et STÉPHANE - Oh oui ! Des gâteaux ! Rapporte des gâteaux ! Des Mikado, des Michoko, des Z'animos... On pourra faire une ferme...

ARTHUR - Des Mikado, des Michoko, des Z'animos... C'est la fête du gâteau !!!

MARIE et STÉPHANE - Aïeu ! Il a crié dans l'oreille... *(Le téléphone sonne.)* Téléphone !

ARTHUR - Réponds, Tanguy...

Arthur sort.

MARIE et STÉPHANE *(chantant)* - « Le téléphone pleure, quand tu n'es pas chez toi… »

Tanguy décroche.

TANGUY *(au téléphone)* - Allô !

MARIE - « Allô ! Ah ! c'est le monsieur de la dernière fois ! *(À Stéphane.)* Tenez, c'est pour vous… »

STÉPHANE - « Allô ! Oui, bonjour… »

TANGUY *(au téléphone)* - Ah ! salut Richard ! *(À Marie et Stéphane.)* C'est Richard…

MARIE et STÉPHANE - O.K. !

TANGUY *(au téléphone)* - Oui… (…) Quoi ? (…) Ah non ! J'ai pas trop le temps pour des blagues, là… (…) Bon, oui… (…) Ah ! ah ! ah ! Mais je la connaissais déjà avec un nain de jardin…

STÉPHANE - Un nain ! Il a dit qu'il y avait un nain ! J'adore les nains !

MARIE - Oui, c'est Passe-Partout !

STÉPHANE - Ici Sandrine Dominguez !

MARIE - Sandrine ! Sannndriiine !

TANGUY *(à Marie et Stéphane)* - Vos gueules ! *(Au téléphone.)* Tu voulais parler à Salomé ? (…) Quitte pas une seconde… *(Il met sa main sur le téléphone.)* Stéph' ! Va chercher Arthur dans la cuisine, vite !

STÉPHANE - La cuisine ?

TANGUY - Va chercher Arthur dans la cuisine, vite !

MARIE et STÉPHANE - Ah non ! La cuisine, c'est moi et Schmidt !

TANGUY - Arthur !

Arthur entre.

ARTHUR - Qu'est-ce qu'il y a encore ?

On sonne à la porte.

TANGUY - Merde ! Les huissiers !

DUFOUR *(off)* - Police, ouvrez !

TOUS - Aaah !!!

STÉPHANE *(en panique)* - Police, ouvrez !

ARTHUR - Pas toi !

TANGUY - T'es con !

Stéphane court vers la porte et se retrouve dans les bras d'Arthur. Ils se regardent.

STÉPHANE - Mais qu'est-ce qui nous arrive ?

Arthur le repousse. Panique générale.

MARIE - Merde ! C'est la première fois que je fume et ils m'ont déjà repérée !

ARTHUR - Vite ! Faut les cacher !… Dans la chambre !

Tous courent vers la chambre.

TANGUY - Mais non, pas dans la chambre, c'est grillé !… Dans le bar !

Tous courent vers le bar.

MARIE - Mais moi j'veux pas aller dans le bar !

ARTHUR et TANGUY - Chut ! Vos gueules ! Chut !

DUFOUR *(off)* - Police, ouvrez !

TOUS - Aaah !!!

Marie et Stéphane entrent dans le bar. Les jumeaux s'agitent pour évacuer la fumée. Arthur sort.

TANGUY - Voilà, voilà ! J'arrive !

Il va ouvrir la porte. Dufour entre, pistolet pointé sur Tanguy.

DUFOUR *(rangeant le pistolet)* - Bonjour. Commissaire Dufour. *(Elle parle à son oreillette.)* Faites le guet en bas, j'en ai pour cinq minutes. *(Elle inspecte la pièce. Tanguy ne bouge pas. Elle montre sa carte.)* Bonjour. Commissaire Dufour.

TANGUY - Bonjour…

DUFOUR - Vous êtes monsieur Lapache ?

TANGUY - Oui…

DUFOUR - Tanguy ou Arthur ?

TANGUY - Tanguy. Bonjour…

DUFOUR - Vous en avez mis du temps pour ouvrir…

TANGUY - Oui… Excusez-moi, j'étais aux cabinets…

DUFOUR - Très bien, je vérifierai. Ça sent bizarre chez vous, non ?

TANGUY - Ah oui… Excusez-moi, j'étais aux cabinets…

DUFOUR - Je viens vous poser quelques questions à propos d'un de vos amis, Stéphane Harmi. Stéphane Harmi, vous le connaissez ?

TANGUY - Oui, pourquoi ? Qu'est-ce qui se passe ?

DUFOUR - Parce qu'il est recherché pour meurtre et trafic de drogue.

TANGUY - Quoi ?! Il est recherché pour meurtre ?!

DUFOUR - Oui. Et pour trafic de drogue.

TANGUY - Non, mais ça je sais… pas ! Je sais pas ! Qu'est-ce que vous m'annoncez, là ?

DUFOUR - Quand l'avez-vous vu pour la dernière fois ?

TANGUY - Je sais pas… je crois que je l'ai pas vu… depuis mon retour de vacances, samedi dernier.

DUFOUR - Et vous êtes parti en vacances quand ?

TANGUY - Le samedi d'avant.

DUFOUR - Le samedi 7, donc.

TANGUY - Oui, c'est ça.

DUFOUR - Samedi 7 ou samedi 14 ?

TANGUY - Quoi ? Qu'on est parti ou qu'on est rentré ?

DUFOUR - Que vous êtes rentré.

TANGUY - On est rentré samedi 14.

DUFOUR - Très bien, je vérifierai. Vous êtes parti en vacances tout seul ?

TANGUY - Non, avec mon frère Arthur.

DUFOUR - C'est tout ?

TANGUY - Oui.

DUFOUR - Très bien, je vérifierai…

Arthur revient. Il se met de dos et crache la fumée du joint.

ARTHUR *(à Dufour)* - Bonjour…

DUFOUR et TANGUY - Bonjour.

ARTHUR *(à Tanguy)* - Qui est-ce ?

DUFOUR - Commissaire Dufour. *(Elle sort sa carte. Les jumeaux lèvent la main.)* Bonjour. Vous êtes certainement Arthur Lapache ?

31

ARTHUR - Oui.

DUFOUR - Son frère ?

ARTHUR - Oui.

DUFOUR - Jumeau ?

ARTHUR - Oui…

DUFOUR - Très bien, je vérifierai. Je suis venue vous poser quelques questions à vous et votre frère à propos d'un de vos amis : Stéphane Harmi. Stéphane Harmi, vous le connaissez ?

ARTHUR - Oui, pourquoi ?

DUFOUR - Parce qu'il est recherché pour meurtre et trafic de drogue.

ARTHUR - Quoi ?! Il est recherché pour meurtre ?!

DUFOUR et TANGUY - Oui. Et pour trafic de drogue !

DUFOUR - Quand l'avez-vous vu pour la dernière fois ?

TANGUY - Vous allez pas recommencer ! Je viens de vous le dire…

DUFOUR *(l'interrompant)* - Chut !

Tanguy se met à faire des gestes à Arthur dans le dos de Dufour.

ARTHUR - Euh… je sais pas… je l'ai pas vu… pas depuis notre retour… à la nage… Ah ! je l'ai pas vu depuis notre retour de vacances, samedi 14 !

DUFOUR - Et vous êtes parti en vacances quand ?

Tanguy mime le 7.

ARTHUR - Samedi 7 !

DUFOUR - Très bien, je vérifierai. *(S'adressant aux jumeaux.)* Étiez-vous au courant de ses allers-retours dans le quartier de Belleville ?

ARTHUR et TANGUY - Ah oui !

TANGUY - De temps en temps, il allait voir son cousin Bob. Il a un salon de coiffure là-bas.

DUFOUR - Bob ?

ARTHUR et TANGUY - Bob.

DUFOUR - Bob ?

ARTHUR et TANGUY - Bob.

DUFOUR - Bob Harmi ?

ARTHUR et TANGUY - Oui, Bob Harmi.

DUFOUR - Très bien, je vérifierai. Avez-vous observé chez lui un comportement étrange, ces derniers temps ?

ARTHUR et TANGUY - Oh ! vous savez, il a toujours été un peu bizarre…

> *Dufour dégaine son flingue d'un coup. Recul des jumeaux.*

DUFOUR - Vous entendez pas un bruit ?

ARTHUR et TANGUY - Pardon ?

DUFOUR - Oui, comme un bruit de walkman pas éteint…

ARTHUR et TANGUY - Un bruit de walkman pas éteint ?

DUFOUR - Chut !

> *Les jumeaux cherchent autour d'eux. Dufour attend, l'arme à la main.*

DUFOUR - Allez, vas-y, cherche… *(Les jumeaux se regardent, étonnés.)* Cherche le bruit… Voilà, c'est bien…

TANGUY - Merde ! C'est Richard ! *(Dufour le pointe ; il sursaute.)* Il est au téléphone ! *(Dufour range son arme.)* On l'avait complètement oublié ! Vas-y, prends-le, Arthur, moi il m'a soûlé…

Arthur - C'est Richard, Richard ?

Tanguy - Oui, Richard, Richard, le petit ami de Salomé…

Arthur prend le téléphone.

Arthur *(au téléphone)* - Allô ! (…) Ah ! Richard, excuse-nous, on t'avait complètement oublié, dis donc ! (…) Non, c'est parce qu'on a la visite de la police, là… (…) Non, rien de bien grave, juste une enquête de voisinage… (…) Tu voulais parler à Salomé ? Ah ! c'est con, elle vient de descendre à la bibliothèque pour chercher un extrait de Bible pour la cérémonie ! (…) Ben, je lui dis qu'elle te rappelle quand elle remonte… (…) Je sais pas, d'ici cinq minutes… *(Tanguy le frappe.)* Cinquante minutes ! (…) Ben oui, tu sais, c'est un gros livre, faut chercher…

Tanguy - Arthur, raccroche !

Arthur - Je peux pas, il me raconte une blague !

Tanguy - On la connaît déjà avec un nain de jardin !

Arthur *(au téléphone)* - Richard, je t'arrête tout de suite, parce que je la connais déjà avec un nain de jardin ! Mais sinon, c'est vrai, elle est marrante ! *(Les jumeaux rient fort.)* Ah ! ah ! ah !

Tanguy *(regardant vers Dufour)* - Raccroche…

Arthur *(à Tanguy)* - Mais c'est un boulet ! *(Au téléphone.)* Allô ! Richard ? (…) Je t'entends plus très bien !

> *Les jumeaux imitent le bruit d'un portable qui reçoit mal et raccrochent, très fiers d'eux.*
> *Dufour les applaudit. Ils se figent.*

Dufour - Qui est ce Richard ?

Arthur - Qui est ce Richard ?

Tanguy - Qui est ce Richard ?

ARTHUR - C'est le petit ami de Salomé, une très bonne amie à nous !

DUFOUR - Il connaît Harmi ?

TANGUY - Non, je crois qu'ils ne se sont jamais vus.

DUFOUR - Et cette Salomé, elle le connaît ?

ARTHUR et TANGUY - Oui…

DUFOUR - Alors j'aimerais lui parler. Elle va arriver, d'après ce que je viens de comprendre…

ARTHUR et TANGUY - Ah ! non, non ! Elle travaille !

DUFOUR - Mais vous venez de dire au téléphone qu'elle était à la bibliothèque…

ARTHUR et TANGUY - Oui, c'est vrai, on l'a dit…

TANGUY - Ouiii… Elle est bibliothécaire !

ARTHUR - Voilà !

TANGUY - Elle est bibliothécaire ! De temps en temps, elle fait une pause, elle vient boire un café…

ARTHUR et TANGUY - Elle est bibliothécaire, quoi !

DUFOUR - Ah bon ?

ARTHUR - Oui, oui ! Elle classe les livres et tout ça…

DUFOUR - Est-ce que je peux la voir maintenant ?

ARTHUR et TANGUY - Ah ! non, non !… Elle travaille !

DUFOUR - Mais vous venez de dire au téléphone qu'elle était à la bibliothèque…

ARTHUR et TANGUY - Oui !

TANGUY - Elle est bibliothécaire !

ARTHUR - Voilà !

TANGUY - Elle est bibliothécaire ! De temps en temps, elle fait une pause, elle vient boire un café…

ARTHUR et TANGUY - Elle est bibliothécaire, quoi !

DUFOUR - Ah bon ?

ARTHUR - Oui, oui ! Elle classe les livres et tout ça…

DUFOUR - Est-ce que je peux la voir maintenant ?

ARTHUR et TANGUY - Ah ! non, non !… Elle travaille !

DUFOUR - Mais vous venez de dire au téléphone qu'elle était à la bibliothèque…

ARTHUR et TANGUY - Oui !

TANGUY - Elle est bibliothécaire !

ARTHUR - Voilà !

TANGUY - Elle est bibliothécaire ! De temps en temps, elle fait une pause, elle vient boire un café…

ARTHUR et TANGUY - Elle est bibliothécaire, quoi !

DUFOUR - Ah bon ?

ARTHUR - Oui, oui ! Elle classe les livres et tout ça…

DUFOUR - Est-ce que je peux lui parler maintenant ?!

ARTHUR et TANGUY - Mais non, non ! Elle travaille !

DUFOUR - Je veux lui parler maintenant ! Vous lui dites que si elle ne vient pas maintenant, j'irai la chercher moi-même à la bibliothèque ! C'est clair ?!

Temps.

TANGUY *(à Arthur)* - Bon, ben, dépêche-toi, la dame elle demande et toi tu fais pas !

Arthur prend la carte de Steven et compose le numéro.

ARTHUR - Ça sonne… *(Au téléphone.)* Allô ! Bonjour, est-ce que je pourrais parler à Salomé, s'il vous plaît ? (…) Avec Steven… (…) Oui, je patiente…

Musique d'attente. Arthur commence à chanter, suivi par les deux autres.
Dufour se déplace dans l'appartement. Tanguy plonge dans le bar pour lui barrer le passage.

TANGUY *(se relevant)* - Y'a un de ces vents…

ARTHUR *(au téléphone)* - Allô ! Salomé, c'est Arthur ! Viens tout de suite, on a un petit problème ! (…) Je t'expliquerai ici, alors tu rappliques ! Vite ! *(Il raccroche.)* Elle arrive.

DUFOUR - Eh bien, c'est parfait…

TANGUY - Bon ! Excusez-moi, inspecteur…

DUFOUR - Commissaire !

TANGUY - Ah oui… Excusez-moi, commissaire, mais ce questionnaire va durer encore longtemps ? Parce que avec mon frère on a un tas de choses à régler…

ARTHUR - Oui…

DUFOUR - Il peut durer très longtemps. Vous savez, c'est une grosse affaire : il a sa photo dans le journal…

TANGUY - Et alors ?

DUFOUR - Alors, c'est important !

Changement de lumière. Musique de duel. Tanguy s'avance vers Dufour.

Tanguy - Je n'aime pas trop votre ton, madame la commissaire…

Dufour - Madame LE commissaire ! Moi non plus, je n'aime pas le ton… Je vais d'ailleurs vous demander de vous calmer immédiatement !

Arthur *(s'avançant)* - Excusez mon frère, il est un petit peu nerveux depuis ce matin…

Tanguy - You're talking to me ? She's talking to me ?!

Dufour - Yes, I'm talking to you ! And you know what ? I fuck your mother !

Tanguy - You fuck my mother ? You really wanna fuck my mother ?!

Arthur - Oh ! please ! Don't fuck my mother !

Dufour - Yes, I fuck your mother ! And you know what ? I fuck you ! And I fuck you too, O.K. ? *(Fin de la musique et du duel. À Tanguy.)* La police fait son travail, monsieur Lapache, retenez-le bien ! *(Elle tortille des fesses.)* Ah ! excusez-moi, c'est mon portable… *(Au téléphone.)* Allô ! (…) Non, je suis toujours chez Tic et Tac, là… *(Elle se met à part.)*

> Tanguy se dirige vers elle ; Arthur le retient.

Arthur - Ne la cherche pas, Tanguy, on n'est pas en position de faire les malins !

Tanguy - J'aime pas son air d'abrutie !

Arthur - Il faut qu'on s'en débarrasse au plus vite, les huissiers vont se pointer et ça va être la merde grave !

Tanguy - Parce que ça peut être pire ?

Arthur - Oui ! Si les huissiers débarquent et que Dufour est encore là, on n'aura pas la thune, alors ils vont commencer le déménagement des meubles sous les yeux de Super Jaimie qui, à mon avis, va être super étonnée de voir notre charmant Stéphane sortir du bar !

TANGUY - Merde ! J'y avais pas pensé.

ARTHUR - Alors là, non seulement on n'aura plus de meubles, plus d'appart, plus de boulot, plus rien, parce qu'on sera à Fleury pour faux témoignage, complicité de drogue et trafic de meurtre ! Ou l'inverse !

TANGUY - Arthur, c'est trop la merde… *(Musique et chorégraphie au ralenti des jumeaux.)* Arthur…

ARTHUR - Qu'est-ce qu'il y a, Tanguy ?

TANGUY - C'est la merde…

ARTHUR - Je sais !!! *(Il lâche Tanguy. Fin de la musique. Le téléphone sonne. Il répond, énervé.)* Allô ! (…) Non, je ne connais pas le montant de la valise RTL et j'en ai rien à foutre ce matin ! *(Il raccroche.)*

TANGUY - Si ! Cinq mille six cent quarante euros ! Je l'ai entendu ce matin ! Cinq mille six cent quarante euros !

Le téléphone sonne.

ARTHUR - Ils rappellent ! *(Au téléphone.)* Allô ! Cinq mille six cent quarante euros ! Cinq mille six cent quarante… (…) Ah ! salut Achille… *(À Tanguy.)* C'est Achille… *(Au téléphone.)* Bon, on va pas encore pouvoir te parler, là, parce qu'on est en plein interrogatoire avec le commissaire Dulourd… On te rappelle… (…) Je sais pas, dans dix minutes, un quart d'heure… (…) Voilà, on fait comme ça mon Chillou… À tout à l'heure ! *(Il raccroche. À Tanguy.)* Il faut absolument rappeler Achille, il va pas bien…

DUFOUR *(les rejoignant)* - Qui était-ce au téléphone ?

TANGUY - Dites, on n'est pas suspects, on va pas répondre à vos questions comme ça toute la journée !

ARTHUR *(le calmant)* - C'était Achille, un ami à nous.

DUFOUR - Il connaît Harmi ?

TANGUY - Non ! Tout le monde ne connaît pas Harmi !

ARTHUR - Et de toute façon, Achille, il faut le laisser tranquille : il est dépressif…

On sonne à la porte.

TANGUY - Merde ! Les huissiers !

ARTHUR - Non, ça doit être Salomé.

Arthur va ouvrir la porte. Richard entre.

RICHARD - Coucou ! Hé ! hé ! Qui c'est qui vous a apporté les croissants ?

Notes de clairon.

ARTHUR et TANGUY - C'est Richard…

RICHARD - Alors, elle est remontée ma Pupuce ?

DUFOUR - Qui est ce monsieur ?

RICHARD - Ah ! ben, je m'présente : Richard Boulit. Ricardo pour les intimes. *(Il tend la main.)*

DUFOUR *(sortant sa carte)* - Commissaire Dufour. Bonjour. *(Tous lèvent la main et saluent.)* Je voudrais vous poser quelques questions à propos d'un de vos amis : Stéphane Harmi. Stéphane Harmi, vous le connaissez ?

RICHARD - Qui ça ?

ARTHUR - Écoutez, commissaire, je vous ai dit tout à l'heure qu'il ne le connaissait pas, donc il ne le connaît pas ! Voilà ! *(Il pousse Richard vers la sortie.)* Bon, Richard, c'est très gentil à toi d'être passé, on va le dire à Salomé, on lui dit aussi qu'elle te rappelle dès qu'elle remonte, O.K. ?

Richard - Ah non ! Moi j'suis venu pour prendre le p'tit déj' avec vous !

Tanguy - Oui, mais tu sais, Richard, nous sommes en plein interrogatoire avec le commissaire Dubour et il vaudrait mieux que tu repasses un peu plus tard !

Richard - Ah ! ben si c'est pour la police, alors… *(Il va pour sortir.)*

Arthur et Tanguy - Voilà !

Dufour - Non, mais il peut rester ! Il ne nous dérangera pas du tout…

Richard *(aux jumeaux, en revenant)* - Ben alors ! Vous voyez ! *(À Dufour.)* Alors comme ça, vous êtes de la police ?

Dufour - Oui.

Richard - C'est un beau métier pour une femme…

Dufour - Je crois que c'est la première fois qu'on me dit ça.

Richard - Ah non ! Ça doit être un métier passionnant ! Toutes ces enquêtes, ces meurtres, ces contraventions…

Dufour *(fière)* - Vous savez, c'est une vocation. Il faut en vouloir, se forger un caractère, se faire une place ! Combien de flics meurent chaque année ? Moi, j'ai encore trois collègues qui y sont restés…

Richard - Ils se sont suicidés ?

Dufour - Non, ils sont morts d'une cirrhose… *(Les jumeaux éclatent de rire.)* Mais c'est dur, quand même !

Richard *(regardant les fesses de Dufour)* - Mais bien sûr que c'est dur…

Dufour *(aux jumeaux)* - Dites, vous croyez qu'elle va venir votre bibliothécaire ?

On sonne à la porte.

TANGUY - Quand on parle du loup…

Arthur va ouvrir.

RICHARD - … on en voit la queue !… Eh ! la queue du loup, vous avez compris ?

TANGUY - Oui, merci Richard…

Salomé entre, vêtue d'un gros manteau.

ARTHUR *(ne lui laissant pas le temps de parler)* - Ah ! Salomé ! Alors, tu l'as trouvé cet extrait de Bible ? Non ? C'est pas grave ! Regarde qui nous a fait la surprise de nous apporter les croissants ! C'est sympa, hein ?

SALOMÉ - Ben, Richard, t'es là ?! *(Elle donne une claque à Arthur.)*

RICHARD - Ben oui, j'vous ai apporté les croissants ! Mais à qui il est ce manteau ? Il est moche !

TANGUY - À ma mère !

RICHARD - Ah ! il est beau !

TANGUY - Oui, c'est le manteau de maman, elle l'a oublié, Salomé avait froid alors on lui a prêté…

RICHARD - Ah ! c'est vrai que t'es frileuse, ma Pupuce !

DUFOUR *(les interrompant)* - Bonjour madame ! Commissaire Dufour. *(Elle montre sa carte. Tous saluent.)* Excusez-moi de vous déranger en plein travail mais…

RICHARD - Quel travail ?

TANGUY - Les recherches à la bibliothèque, Richard !

RICHARD - Ah…

DUFOUR - Mais je voudrais vous poser quelques questions à propos d'un de vos amis : Stéphane Harmi. Stéphane Harmi, vous le connaissez ?

SALOMÉ - Ouais, pourquoi ?

DUFOUR - Parce qu'il est recherché pour meurtre et trafic de drogue.

SALOMÉ *(riant)* - Quoi ? Vous plaisantez ! Stéphane, il est pédé comme un zèbre !

ARTHUR - « Un phoque » !

SALOMÉ - Et il ferait pas de mal à une guêpe !

ARTHUR *(explosant)* - « À une mouche » ! « À une mouche » !

RICHARD et TANGUY - Oui, oui, on ne fait pas de mal à une mouche !

SALOMÉ - C'est bon, pas la peine de crier comme un puma, quoi ! L'erreur est chrétienne !

> *Arthur, en colère, fonce vers Salomé ; Tanguy s'interpose et le fait asseoir.*

TANGUY *(à Arthur)* - Arrête ! La dernière fois, elle t'a pété une jambe !

DUFOUR *(à Salomé)* - Quand l'avez-vous vu pour la dernière fois ?

SALOMÉ - Je sais pas… Je l'ai pas vu depuis au moins un mois.

DUFOUR - Depuis l'époque de son déménagement, donc ?

SALOMÉ - Ouais… Mais comment vous savez qu'il a déménagé y'a un mois ?

DUFOUR - Je sais tout ! *(Salomé et Dufour se comparent les seins.)* Bon, apparemment, vous ne pourrez pas m'apporter de nouvelles informations. Ce n'est pas grave. Excusez-moi pour le dérangement.

SALOMÉ - Quoi, c'est tout ?!

Dufour - Oui.

Salomé - Vous me faites déplacer pour deux questions ?

Dufour - Au moins je suis fixée ! *(Aux jumeaux.)* Bon, je dois repasser au commissariat. Je vous demanderais de ne pas quitter cet appartement, je vais revenir.

Arthur - Mais on a un mariage, ce matin !

Tanguy - C'est clair, on n'a pas que ça à foutre !

Dufour - Vous préférez peut-être que je vous place en garde à vue au commissariat ?

Arthur - Écoutez, c'est pas très sympa, mademoiselle Dumour…

Dufour - Commissaire **Dufour** !… C'est une grosse affaire, je vous l'ai déjà dit, alors personne ne bouge jusqu'à nouvel ordre ! C'est clair ?

Tanguy - Très clair…

Richard - Dis donc, elle pas très rigolote, Corinne Touzet !

Salomé - Chut !

Dufour *(à Richard)* - Par contre, vous, vous pouvez y aller. *(En sortant.)* À tout à l'heure !

Dufour sort.

Tanguy - À tout à l'heure toi-même, connasse !

Salomé - Voilà ! Connasse ! Connasse ! Richard, tu n'es pas chez M. Connasse ?

Arthur - M. Connasse…

Tanguy - M. Connasse…

Salomé - Oui, notre dentiste ! Je t'avais pris rendez-vous ce matin à onze heures !

RICHARD - Oh non ! C'est à l'autre bout de Paris ! J'y serai jamais !

SALOMÉ, ARTHUR et TANGUY - Mais si !

SALOMÉ - Tu vas pas le décommander à la dernière minute ! Il est tellement sympa !

RICHARD - Mais j'suis venu pour prendre le p'tit déj' avec vous…

SALOMÉ - C'est plus l'heure !

TANGUY - Et puis faut pas rigoler avec les dents !

ARTHUR - Ah non ! Les dents, c'est important ! *(Regardant ses pieds.)* Oh ! regarde, Richard ! *(Il se met à chanter.)* « Mets bien tes pieds en canard… »

TOUS - « C'est la chenille qui redémarre ! »

Ils accompagnent Richard à la sortie en chantant. Ils reviennent aussitôt.

TOUS - C'est bon, il est parti…

SALOMÉ - Putain, les mecs, mais vous êtes malades ! Qu'est-ce qu'il foutait ici ? Et qu'est-ce que c'est que ce bordel avec les flics ?

ARTHUR - Eh ! tu te calmes ! Richard nous a fait la grande surprise de son arrivée juste avant que tu te pointes, alors on se calme !

TANGUY - On se calme !

SALOMÉ - Non, mais vous avez vu ma tenue ?

Elle ouvre son manteau. Elle est en tenue sexy. Elle défile en musique.

ARTHUR - Salomé, mais qu'est-ce que c'est que ça ? On n'a rien vu du tout !

TANGUY - C'est ça, on n'a rien vu! Tu vas recommencer immédiatement!

Elle rouvre son manteau, re-défile, et donne une claque à Arthur qui regarde ses seins.

SALOMÉ - S'il s'en était rendu compte, j'étais morte! Bon, y'a plus de fleurs que de mal… Faut que j'y aille, Steven m'attend, il va péter une rustine.

ARTHUR - Attends, on a une surprise pour toi!

TANGUY - Une surprise pour Salomé?

SALOMÉ - Qu'est-ce que vous foutez, les mecs? J'suis pressée!

ARTHUR - Le bar…

TANGUY - Merde! Je les avais complètement oubliés! *(Il va au bar.)* C'est bon, vous pouvez sortir!

Stéphane tombe du bar.

SALOMÉ - Stéph'?!

STÉPHANE - Ah! Salomé! T'es toute brillante…

TANGUY *(au bar)* - Oh là là! Marie!

ARTHUR - Qu'est-ce qu'elle a, Marie?

STÉPHANE - Ah! ben, Marie, elle s'est endormie parce qu'elle a trop fumé!

SALOMÉ - Parce que Marie est là aussi?

TANGUY - Oui, mais ça on s'en fout!

ARTHUR - Stéphane, rassure-nous… T'as tué personne?

STÉPHANE - Ben non, pourquoi?

ARTHUR et TANGUY *(l'imitant)* - Ben non, pourquoi?

TANGUY - Parce que t'es recherché pour trafic de drogue, mais pour meurtre aussi.

STÉPHANE - Mais qu'est-ce que c'est que ces conneries ? Meurtre de qui ? Meurtre de qui ? Meurtre de qui ?!

ARTHUR et TANGUY - Elle a pas dit !

STÉPHANE - Mais ils sont fous ! J'ai jamais tué personne, moi !

Stéphane s'effondre dans les bras de Tanguy qui l'emmène à part.

SALOMÉ - Bon, est-ce que quelqu'un pourrait m'expliquer ce qui se passe, là ?

ARTHUR - Depuis ce matin on a que des emmerdes… Déjà Romane m'annonce qu'elle est enceinte…

SALOMÉ - Oh ! un bébé !

ARTHUR - Non ! Ensuite, coup de téléphone des huissiers qui vont venir saisir les meubles aujourd'hui parce que j'ai pas payé les amendes RATP de l'année dernière. Après, Stéphane débarque, recherché par les flics, ensuite Marie arrive, puis les flics, puis Richard, puis toi… Enfin, bref…

La musique « Je suis malade » s'enclenche. Arthur fait du play-back.

SALOMÉ - Ouais, j'ai pas tout compris… Mais dans tout ça, Stéphane il est innocent ou pas ?

ARTHUR - Mais oui ! Puisque c'est son cousin qui a fait le coup ! Lui il s'est fait avoir, comme d'hab' !

SALOMÉ *(à Stéphane)* **-** Mais balance ton cousin si c'est lui qui t'a foutu dans la merde !

ARTHUR - Elle a raison !

Tanguy - Pour qu'on le retrouve égorgé dans une cave en train de sécher ?

Stéphane - Oh non ! Pas la cave !

Arthur - Il a raison !

On sonne à la porte.

Tanguy - Merde ! Les huissiers !

Arthur - Stéph', cache-toi dans le bar, vite !

Stéphane - Mais il fait chaud là-dedans !

Arthur - Tu te mets dans le bar et tu fais pas d'histoire !

Stéphane va dans le bar, Salomé remet son manteau.

Tanguy - Inch'Allah que ce soit pas les huissiers !

Il va ouvrir. Romane entre en panique.

Romane - Arthur ! Tu me croiras jamais !

Arthur - Quoi ?

Romane - Stéphane est dans le journal ! Il est recherché par la police !

Tous *(soulagés)* **-** Ah…

Tanguy - Tu m'as fait peur…

Romane - Vous m'avez entendue ? Il est recherché pour trafic de drogue ! Stéphane est un drogué !

Tanguy - Ouais, et un meurtrier !

Romane - Mais vous avez bu tous les trois ou quoi ? Je vous dis que Stéph', notre Stéph', va aller en prison, là !

Salomé - Oh ! mais calme-toi, Josiane !

ARTHUR et TANGUY - Romane !

SALOMÉ - Ah bon ?… Bon, Stéph' est là, il est innocent, il est dans le bar !

ROMANE - Quoi, dans le bar ?

TANGUY *(au bar)* - C'est bon, Stéph', tu peux sortir.

STÉPHANE *(sortant du bar)* - Eh ben, faudrait savoir…

ROMANE - Stéph' !!!

> *Elle se jette dans ses bras. Ils restent à discuter en fond de scène.*

SALOMÉ - Bon, faut que j'y aille. J'aurai jamais tout ce fric si j'me dépêche pas.

ARTHUR - Oh ! putain ! Tu vas être payée quand ?

SALOMÉ - Tout à l'heure, pourquoi ?

ARTHUR - Pour payer les huissiers.

SALOMÉ - Attends, tu veux que j'te file mon argent ?

ARTHUR - Je m'arrange avec ma mère et, promis, lundi je peux tout te rembourser !

SALOMÉ - Bon, ben, O.K… Dès que j'sors du studio, j'passe à la banque et j'vois c'que j'peux faire.

ARTHUR - Salomé, t'es un amour ! *(Il la prend dans ses bras.)*

SALOMÉ - Eh ! si tu veux que j'me dépêche…

ARTHUR - Oui ?

SALOMÉ - Eh ben, tu m'laisses partir, O.K. ? *(En sortant.)* Bon, allez, à plus, bisous, ciao, bye !

ROMANE *(achevant sa conversation)* - C'est l'enfer cette journée !

Tanguy - Et encore ! T'as pas eu droit aux questions du « Commissaire Moulin » !

Romane - Comment vous allez faire ?

Arthur - Je sais pas… Bon, les gars, ça vous dit pas d'aller faire des pâtes ou quelque chose à manger ? J'ai faim !

Stéphane - Des pâtes ?

Tanguy - Des pâtes, maintenant ?

Arthur - Oui, c'est des sucres lents, ça nous fera pas de mal.

Stéphane - Des pâtes ! Des pâtes ! Et pourquoi pas des spaghettis pendant qu'on y est ? Moi, j'ai pas faim du tout, tu vois, parce que moi je vais finir en prison, j'aurai plus de boulot, plus de taf, plus de job, plus rien, je suis fini, fini, fini !!! Comme ce cotillon, là…

Il piétine des cotillons par terre en pleurant.

Tanguy - Mais non, Stéph', t'es pas fini !

Romane - Non, Stéph', t'es pas fini…

Arthur - Non, c'est sûr, toi t'es pas fini…

Tanguy - Allez, viens, on va faire à bouffer, ça va nous détendre… *(En sortant.)* T'es pas fini ! T'es pas fini ! Rappelle-toi, une fois, au Queen, quand t'étais fini, je te l'ai dit…

Ils sortent.

Stéphane *(off)* - Ah ! arrête avec cette histoire !

Romane - Et maintenant, il va se passer quoi ?

Arthur - Je sais pas… Dufour est partie, Richard est chez le dentiste, Marie dans le bar, Salomé au studio, et nous…

Romane - Et nous ?

Arthur - Et nous on est dans la merde !

ROMANE - Ah… Vous allez plus avoir de meubles ?

ARTHUR - Si, ça y'a peut-être une solution. Salomé va nous prêter la thune des photos… Encore faut-il qu'elle arrive avant les huissiers…

ROMANE - C'est déjà une bonne nouvelle !

ARTHUR - Ouais… Et toi ? Ça s'est passé comment avec ta mère ?

ROMANE - Pas terrible. Elle est devenue hystérique.

ARTHUR - Elle veut plus te voir ?

ROMANE - Si, moi ça va. En fait, elle est partie dans son trip « défense de la femme », elle a dit que tout était de ta faute, que t'étais inconscient, immature, égoïste… Bref, elle veut plus jamais te voir ! Mais alors, plus jamais…

ARTHUR - Eh ben, tant mieux ! Ça m'évitera d'être hypocrite !

ROMANE - Fais pas attention à elle, Chouchou, elle est con…

ARTHUR - Ça pour être con… Elle est même disque d'or…

ROMANE - Tu sais, c'est peut-être pas le moment idéal pour te parler de ça mais…

ARTHUR - Quoi ? Qu'est-ce qu'il y a encore ?

ROMANE - Depuis quelque temps, je te trouve vachement distant… J'ai l'impression que tu me fuis… Tu veux même plus me prendre dans tes bras, et quand je t'appelle « mon petit roi »…

ARTHUR - Ah ! non, Romane ! Pas « mon petit roi » !

ROMANE - Tu vois, ça te fait plus rire… Arthur, qu'est-ce qu'il y a ?

ARTHUR - Mais rien, tout va bien. Je travaille beaucoup en ce moment, c'est tout…

ROMANE - Arthur, t'es sûr que c'est tout ?

ARTHUR - Mais oui ! Tu me prends la tête, là ! J'ai pas envie de me faire psychanalyser…

Tanguy entre à ce moment.

TANGUY - Ah ! je crois qu'on m'appelle dans la salle de bains !

Tanguy repart.

ROMANE - Mais j'te psychanalyse pas ! Seulement je pense que ça nous ferait du bien d'en parler !

ARTHUR - Eh ben, alors, vas-y, on en parle…

ROMANE - Tu sais, ça va bientôt faire trois mois qu'on n'a pas… « bouskoutou »…

ARTHUR - Quoi ?

ROMANE - Qu'on n'a pas… « bouskoutou »…

ARTHUR - « Bouskoutou » ?!

ROMANE - Ben oui : « bouskoutou » !

ARTHUR - Ah ! qu'on n'a pas fait l'amour ! Qu'est-ce qui se passe ? T'as peur de le dire ?

ROMANE - Non, mais si ça continue, moi, sans mes petits câlins, je vais déprimer…

ARTHUR - Oh ! merde !

ROMANE - Non, mais c'est pas si grave…

ARTHUR - C'est pas ça ! T'as dit « déprimer » et j'ai encore oublié qu'il fallait que j'appelle Achille ! Il va pas bien !

ROMANE - Ah…

ARTHUR - Je me sens pas le courage de remonter le moral de qui que ce soit mais si je le fais pas, personne le fera dans cette baraque…

ROMANE *(dégoûtée)* - Ouais, t'as raison…

On entend taper dans le bar.

MARIE - Hou ! hou !

ARTHUR - Qu'est-ce que c'est ?

MARIE - C'est ta mère !!!

Arthur ouvre le bar. Marie en tombe.

MARIE - Il fait chaud comme dans le cul d'un âne, là-dedans !… Hou là là ! Quelle heure il est ?

ARTHUR - Presque onze heures, Marie… *(Il la ramasse et la fait asseoir.)*

MARIE - Hou là là ! Faut que j'y aille, maman va être folle… Remarque, ça changera pas beaucoup ! *(Apercevant Romane.)* Oh ! salut Romane !

ROMANE - Salut, ça va ?

MARIE - Oui… J'me suis jamais sentie aussi bien…

ARTHUR - T'es sûre que tu vas pouvoir rentrer toute seule ?

MARIE - Ouiiii… Oh ! vous avez entendu ? Ouiiii… *(Temps. Elle fixe un point loin devant.)* Gigi ? C'est toi, là-bas, dans le noir ?

Elle part en courant, suivie par Arthur, Romane, Tanguy, Stéphane et Annabelle. Musique de « Benny Hill ». Fin de la musique. Retour plateau.

ARTHUR - Marie, y'a personne dans le noir…

MARIE - Ah oui ! *(Elle tombe.)* Bon, ben, faut que j'aille me marier, moi, quand même !

ARTHUR *(la relevant)* - Oui, sinon le sergent Nière ne va pas être content !

Marie *(riant)* - Ah! ça aussi c'est le pompon! Je vais devenir madame Nière! Marie Nière… Comme les moules!

Arthur - Bon, je vais demander à Tanguy de te raccompagner… Tanguy!

Marie - Mais non, c'est bon…

Arthur - Tanguy!

Marie - Mais je te dis que c'est bon! *(Elle regarde ses seins.)* Arthur… Regarde mes nénés, ils sont énormes!

Arthur - J'ai vu… Tanguy!

Tanguy entre, trempé.

Tanguy - Putain, Arthur! Ça re-fuit dans la salle de bains! Alors tu prends des serpillières, des chiffons, tout ce que tu trouves, faut éponger rapide : c'est le remake de « Titanic » dans tout l'immeuble!

Tanguy sort.

Marie *(chantant)* - « I'm the king of the world! »

Arthur *(faisant asseoir Marie)* - Et merde! La fuite…

Marie - Merde! La fuite! Vingt-deux v'là les fuites! J'adore les fuites! J'peux vous donner un coup de main?

Arthur - Non! Toi, tu prends un taxi, tu rentres te faire une beauté et on se rejoint à l'église. O.K.?

Marie - Où ça?

Arthur - À l'église! O.K.?

Marie - O.K.! C'est okaayy! *(Elle tombe et commence à marcher à quatre pattes vers la sortie.)*

Tanguy revient.
Pendant le dialogue qui suit, Marie crapahute vers la sortie et les jumeaux la font se rasseoir trois fois.

Arthur - Putain ! Mais qu'est-ce que t'as foutu ?

Tanguy - Ah non ! J'ai rien foutu du tout, mon vieux ! Quelqu'un a laissé ce putain de robinet goutter, et ici, avec la plomberie pourrie, quand tu laisses goutter…

Arthur et Tanguy - … c'est niqué !

Tanguy - Et il le sait, en plus…

Arthur - Ben oui, j'le sais…

Marie *(énervée)* - Mais laissez-moi partir !

Les jumeaux la relèvent et la jettent dehors.

Arthur - Allez, hop ! Taxi ! Tout schuss !

Marie revient et attrape Tanguy à la gorge.

Marie - Mon voile ! Rendez-moi mon voile !

Tanguy *(étouffant)* - Rendez-lui son voile…

Arthur le lui rend. Marie lâche Tanguy.

Marie *(à son voile)* - J't'aime plus que ma vie !

Marie sort. Les jumeaux vont vers la salle de bains.

Arthur *(en sortant)* - Tu devais pas appeler un plombier ?

Tanguy *(en sortant)* - Si, mais il est jamais venu !

Romane - Vous avez besoin d'un coup de main ?

Arthur et Tanguy *(off)* - Non !

Stéphane entre.

Stéphane - Putain ! Tout c'que j'entreprends ça foire ! Je veux faire des pâtes : paf ! ils coupent l'eau ! *(Il s'assoit à côté de Romane.)*

Romane - Si ça peut te rassurer, j'ai plutôt l'impression que c'est tout ce qui est entrepris ici qui foire !

STÉPHANE - Tu sous-entends que le destin nous joue des tours ?

ROMANE - Oui, peut-être… *(On sonne à la porte.)* Merde ! Cache-toi, Stéph' ! Je crois que le destin sonne à la porte !

Stéphane se précipite vers le bar et fait la bise à Romane.

STÉPHANE - Et t'inquiète pas, Romane ! La vérité est au bout du couloir… *(Il se cache.)*

ROMANE - Oui, j'arrive !

Elle va ouvrir.

ARTHUR *(revenant de la salle de bains)* - Non, Romane ! N'ouvre pas la porte !

Romane se prend la porte et crie. Annabelle entre. Elle a l'accent du Sud.

ANNABELLE - Arthur ?

ARTHUR - Oui…

ANNABELLE - Annabelle ! Enchantée de te connaître !

Elle se jette sur lui et l'embrasse fougueusement. Romane revient.

ROMANE - C'est qui cette pétasse ?

ANNABELLE - Annabelle. Bonjour.

ROMANE - Arthur, qui est cette pouffe ?

ARTHUR - Je te jure que je la connais pas !

ANNABELLE - Eh ! c'est quoi cette embrouille, là ? Elle me traite ?!

ARTHUR - Stop ! Qui êtes-vous ?

ANNABELLE - Annabelle !

ARTHUR - Mais je vous connais pas !

ROMANE - Te fous pas de ma gueule, Arthur ! T'es grillé ! De toute façon, j'aurais dû m'en douter que t'avais une pétasse blonde dans ta vie ! C'est tout à fait ton style !

ANNABELLE - Eh ! tu te calmes, toi ! Je vais te fumer ! Moi, j'ai fait du catch pendant deux ans !

Elles vont pour se battre. Arthur s'interpose et tente de s'expliquer avec Romane.

ROMANE - Arrête, Arthur ! Stop ! T'es qu'un enfoiré de plus sur la liste ! C'est pas grave, j'm'en remettrai… Je m'arrache !

ANNABELLE - Eh ben, c'est ça : prends le bus, rentre chez ta mère écouter les Forbans, bouffonne !

ROMANE - Ouais, c'est ça ! J'ai plus rien à foutre ici, il se passe que de la merde dans cette baraque !

ARTHUR - Mais Romane, qu'est-ce qui t'arrive ? Je t'ai jamais entendu parler comme ça…

ROMANE - Eh ben, c'est la vie ! Y'en a marre des bâtards !

ANNABELLE *(riant)* - Oh là là ! Non, mais je rêve ! *(L'imitant)* « Y'en a marre des bâtards ! »

ROMANE - Mais je vais la planter cette bouffonne !

Elle attrape un cotillon et se précipite vers Annabelle.

ANNABELLE - Viens ! Plante-moi ! J'ai pas peur de toi !

Arthur retient Romane, qui lui donne un coup de pied et va tirer les cheveux d'Annabelle.

ANNABELLE *(criant)* - Elle m'a tiré les cheveux ! Ça fait super mal !

Elle donne une claque à Arthur qui se tourne vers Romane. Romane le gifle à son tour.

ROMANE - Et tu veux que je te dise, Arthur ? Je suis pas en… Je suis pas en…

ARTHUR - T'es pas en quoi ?

ROMANE - Je suis pas entièrement contente de cette histoire ! Salaud !

Romane sort. Arthur lui court après.

ARTHUR - Mais Romane, attends…

ROMANE *(off)* - Goujat ! Mufle ! Saligaud ! Nique ta mère, nique ton frère, nique toute ta famille !

Bruit de claque off. Arthur revient.

ARTHUR - Mais j'en ai marre de prendre des claques !

Il voit Annabelle. Musique. Elle s'avance vers lui sensuellement. Il est bloqué sur le tabouret.

ANNABELLE - Eh ben, alors, Arthur… Je m'attendais pas à un accueil comme ça… C'était pas prévu dans le scénario…

ARTHUR - Stop ! Qui êtes-vous ?

ANNABELLE - Mais Annabelle !

ARTHUR - Mais je vous connais pas !

ANNABELLE - Remarque, c'est pas mal non plus le mec qu'on doit violer ! Allez, vas-y, prends-moi sur le tabouret, j'adore ça ! *(Elle se frotte à lui en chantant.)*

Tanguy entre et les voit.

TANGUY - Eh ben, c'est la fête du slip…

ARTHUR *(poussant Annabelle)* - Non, attends ! Tanguy, je te présente…

ANNABELLE - Annabelle. Bonjour…

ARTHUR - Une chaudasse !

TANGUY - Annabelle ?!

ARTHUR - Vous vous connaissez ?

TANGUY - Non, mais c'est moi qui devrais la connaître… Annabelle, c'est moi Arthur…

ARTHUR - Non, c'est moi Arthur. Toi, c'est Tanguy. T'as un problème de personnalité ou quoi ?

TANGUY - C'est mon pseudo sur Internet. J't'expliquerai…

ANNABELLE - Ah ! je comprends mieux ! *(À Arthur.)* Espèce de vicieux ! *(Elle le gifle puis se dirige vers Tanguy.)* Alors, c'est toi ma « sexy tomate » ?

TANGUY - Euh… oui !

Annabelle va tripoter Tanguy.

ARTHUR - « Sexy tomate » ? Je peux avoir une explication ?

TANGUY - C'était un soir où tu sortais avec Romane, j'me sentais seul et j'ai été sur le « chat »… *(Annabelle lui pince le téton.)* Oh ! elle m'a pincé le téton ! *(Il rigole.)*

ARTHUR *(poussant Annabelle)* - Tanguy, je veux une explication tout de suite !

TANGUY - Bon… J'ai été sur le « chat » et j'ai pris ton nom comme pseudo, j'ai rencontré Annabelle, on a discuté, sympathisé… *(Annabelle se frotte contre la cuisse d'Arthur qui se dégage, dégoûté.)*… on s'est donné rendez-vous à la maison et elle est là aujourd'hui, c'est tout !

ARTHUR - C'est tout ?! Tu files rencard à tes rencontres Internet le jour du mariage de ta sœur ?

TANGUY - J'ai pas fait le rapprochement…

ARTHUR - Ah! t'as pas fait le rapprochement? *(Il tend le bras derrière lui. Annabelle en profite pour mettre son sein dessus.)* Ah!!! *(S'éloignant, énervé.)* Eh ben, moi, j'le fais le rapprochement… avec la note de téléphone! Je te préviens : je paierai pas un centime d'euro!

ANNABELLE - Ho! hé! Les gars! On se calme… Vous arrêtez pas de crier depuis que je suis arrivée, c'est pas gentil, ça… Je me sens tout oppressée… *(Elle va vers Tanguy, prends sa main et la place sur son sein gauche.)* Tiens, sens mon cœur, tu vas voir… Tu sens l'oppression?

TANGUY - Ah oui!

ANNABELLE - Il faut se réconcilier! Allez, viens! *(Elle prend Tanguy par la main et se dirige vers Arthur.)* Et toi, donne la main! *(Arthur refuse.)* Tu donnes la main ou il va pleuvoir un bifteck! *(Elle les place main dans la main et se met entre eux.)* Bon, ben, voilà! On est bien, là, non? On kiffe le moment! On kiffe les petits muscles! Miam-miam… C'est bon, ça!… Eh! vous savez, on pourrait peut-être aller se détendre tous les trois?… Bisou quéquette! *(Elle leur tripote l'entrejambe; ils se dégagent.)*

ARTHUR - Tanguy, raccompagne ton amie, elle m'a causé assez d'ennuis comme ça!

On sonne à la porte.

TANGUY - Merde! Les huissiers!

ARTHUR - Stéph' est dans le bar?

TANGUY - Je crois…

ARTHUR *(allant au bar)* - Stéph', t'es là?

STÉPHANE - Non, je fais des U.V. dans le Jacuzzi!

ARTHUR *(étonné)* - On a un Jacuzzi?

Stéphane - Dans ton cul, oui !

Arthur - Qu'il est con…

Annabelle - Attends ! Y'a quelqu'un dans le bar qui dit que dans ton cul il y a un jacuzzi ?! C'est une maison de coquins ici ! Moi je veux vivre ici !

Arthur - Mademoiselle, vous n'avez entendu personne dans ce bar, c'est bien compris ?

Annabelle - Ben oui, c'est ça, j'ai rien entendu ! Tu me prends pour une truffe ou quoi ?

Arthur - Vous n'avez entendu personne dans ce bar, compris ? Assise !

Annabelle s'assoit.

Tanguy *(à la porte)* - Qui est là ?

Mme Rodriguez *(off)* - C'est madame Rodriguez !

Arthur et Tanguy - Merde ! La gardienne !

Tanguy ouvre la porte. Mme Rodriguez entre avec un seau et un balai-serpillière.

Tanguy - Bonjour madame Rodriguez…

Mme Rodriguez - Dites, c'est votre amie qu'elle est partie… *(Apercevant Annabelle.)* Ouille ! ouille ! ouille ! Qu'est-ce que c'est ?

Arthur - Ah oui ! Madame Rodriguez : Annabelle ; Annabelle : Mme Rodriguez.

Annabelle - Bonjour. Annabelle !

Mme Rodriguez - Bonjour. Paquita ! Dites, c'est votre amie qu'elle est partie en criant très fort dans l'escalier ?

Tanguy - Ah non ! Ça, c'est pas de chez nous…

ARTHUR - Si, si ! Excusez-nous, c'est Romane, ma petite amie. Elle a été très contrariée…

MME RODRIGUEZ - Ce n'est pas une raison ! J'étais en train de faire le palier du dessous quand une folle m'a dit d'aller… niquer ma mère et toute ma famille ! Je suis pas contente, Tanguy !

ARTHUR - Arthur, madame Rodriguez. Moi, c'est Arthur…

MME RODRIGUEZ - Oui, Arthur, Tanguy, c'est le même problème…

TANGUY - Excusez-nous, madame Rodriguez, ça ne se reproduira plus. Arthur est confus. *(À Arthur.)* Tu es confus ?

ARTHUR - Je suis confus.

TANGUY - Voilà ! Il va vous raccompagner…

Arthur s'avance. Paquita le repousse.

MME RODRIGUEZ - Y'a autre chose ! Mme Rufus, la locataire du dessous, elle a encore rouspété…

ARTHUR et TANGUY - Pourquoi ?

MME RODRIGUEZ - Y'a une fuite ?

TANGUY - Ah non ! Non, vous allez pas recommencer avec cette fuite, madame Rodriguez ! Y'a plus de fuite, on a fait venir le plombier la dernière fois !

MME RODRIGUEZ - Y'a une fuite ! Je viens de voir ses pîntures !

TANGUY - Et qu'est-ce qu'elles ont ses « pîntures » ?

ANNABELLE - Eh ! c'est quoi une « pînture » ?

ARTHUR - Votre gueule !

MME RODRIGUEZ - Comment ça qu'est-ce qu'elles ont ses pîntures ? Elles sont toutes foutues ses pîntures, à cause de la fuite ! Y'a une fuite, laissez-moi jeter un coup d'œil !

Elle se dirige vers la salle de bains. Arthur s'interpose.

ARTHUR - Mais, madame Rodriguez, puisqu'on vous dit qu'il n'y a pas de fuite…

MME RODRIGUEZ - Il n'y a pas de madame Rodriguez qui tienne ! Je veux savoir d'où elle vient cette fuite ! *(Elle tente de passer plusieurs fois. Arthur résiste. Elle lui montre le plafond.)* Attention, Tanguy !

ARTHUR *(reculant, effrayé)* - Qu'est-ce que c'est ?

MME RODRIGUEZ *(riant)* - Eh ben, rien du tout !

ANNABELLE *(riant)* - Comment elle t'a carotte, la gardienne !

ARTHUR - Vous, ça va…

Mme Rodriguez se faufile et entre dans la salle de bains.

MME RODRIGUEZ *(off)* - Ouille ! ouille ! ouille ! C'est pas possible, ça… *(Elle ressort.)* Et ça c'est pas une fuite ?

ARTHUR *(allant voir)* - Oh là là ! Mais oui ! Mais vous avez raison, madame Rodriguez ! Y'a bien une fuite ! On l'avait pas vue ! Tanguy, y'a une fuite et on la voit pas… Vraiment…

MME RODRIGUEZ - Vous vous fichez de moi ? Y'a des serpillières et des essuie-tout partout par terre ! Il est pas venu le plombier ?

TANGUY - Mais si !

MME RODRIGUEZ - Mais c'est pas possible ! *(Elle retourne éponger la salle de bains.)*

Annabelle rejoint Tanguy. Arthur arrive en criant sur Tanguy. Discussion.

MME RODRIGUEZ - Oh ! dites, vous pourriez m'aider, c'est pas ma fuite, non ?! Tanguy, au boulot !

ARTHUR - Tanguy, vas-y !

TANGUY - Ah non ! Tanguy, c'est toi avec elle !

Arthur va éponger.

MME RODRIGUEZ - Je comprends pourquoi Mme Rufus elle rouspète…

On entend taper et hurler dans le bar.

STÉPHANE *(off)* - Au secours ! À moi ! Elle arrive !

MME RODRIGUEZ - Mais qu'est-ce que c'est que bordel ?

TANGUY - C'est rien !

ANNABELLE - Rien du tout !… Toutoutou toutou toutou !

Tanguy et Annabelle se mettent à danser et chanter pour éloigner Mme Rodriguez.
Arthur va au bar. Stéphane sort du bar en criant.

TANGUY - Stéph', ça va pas ? Qu'est-ce que tu fais ?

STÉPHANE - Ben quoi ! Y'avait une araignée grosse comme ça !

TANGUY - Une araignée ?

ANNABELLE - Une araignée ?

TANGUY - Une araignée… Non, mais je rêve !

ANNABELLE - Non, mais une araignée c'est hyper grave, tu te rends pas compte, toi !

STÉPHANE *(à Tanguy)* - Ah ! tu vois !

ANNABELLE - Mais imagine, l'araignée, elle le pique…

TOUS - Ouais…

ANNABELLE - Imagine, l'araignée, elle le pique, et lui il est allergique…

TOUS - Ouais…

ANNABELLE - Eh ben, si l'araignée elle le pique, et que lui, il est allergique, eh ben, qu'est-ce qui se passe ? *(Tous restent interdits.)* Eh ben, il se met à gonfler, à gonfler…

TOUS - Ouais…

ANNABELLE - Et s'il se met à gonfler, qu'est-ce qu'il faut faire ? *(Tous restent interdits.)* Eh ben, il faut le déshabiller ! À poil Stéphane ! *(Elle se jette sur Stéphane.)*

TANGUY *(la dégageant)* - Tu le lâches, oui !

ARTHUR - Quelle chaudasse !

ANNABELLE - Oh là là ! Vous êtes pas rigolos ici…

ARTHUR - Non, on n'est pas rigolos, non ! *(À Stéphane.)* Mais ça va pas ? Et si y'avait eu les flics ?

MME RODRIGUEZ - Mais qu'est-ce qu'il foutait dans le bar, celui-là ?

TANGUY - Rien ! On jouait à cache-cache quand vous êtes arrivée, madame Rodriguez…

ARTHUR *(montrant Stéphane)* - Trouvé !

Les jumeaux et Stéphane se mettent à rire en bougeant les épaules. Annabelle les imite.

ANNABELLE *(en riant)* - Oh ! regardez, ça fait bouger mes tétés !

ARTHUR - Oui, on a vu…

Le téléphone sonne. Tanguy décroche et s'éloigne.

MME RODRIGUEZ *(à Stéphane)* - C'est bizarre… J'ai l'impression de vous avoir déjà vu quelque part…

ARTHUR - Oui ! Vous avez dû le croiser dans l'escalier, il vient souvent nous voir, c'est un ami !

Mme Rodriguez - Ah !… Es un amigo !

Arthur et Stéphane - Voilà !

Tanguy *(revenant avec le téléphone)* - Arthur, c'est pour toi. La maman de Romane.

Arthur - Merde !

Tanguy - Oui, démerde-toi ! *(Arthur prend le téléphone et se met à part.)* Bon ! Stéphane ! Nous on va aller se calmer dans la cuisine, parce que les araignées, merci beaucoup…

Stéphane - Oui, ben, j'ai peur, j'ai peur !

Annabelle s'avance vers eux.

Tanguy *(apercevant Annabelle)* - Non ! Tiens, tu vas y aller avec Annabelle qui est un peu excitée elle aussi…

Stéphane *(dégoûté)* - Ah ! non merci !

Tanguy et Annabelle - Mais si !

Tanguy - Tu vas voir, tout va très bien se passer, elle va te requinquer…

Annabelle - Oui ! Je vais te requinquer !

Tanguy - Non ! Ce qu'elle veut dire, c'est qu'elle va te servir un petit coup à boire !

Stéphane - D'accord, mais alors un petite verre, dans la cuisine…

Annabelle - Voilà ! Tu vas me mettre un petit coup dans la cuisine !

Elle se précipite sur lui. Il se dégage vivement.

Stéphane *(hurlant)* - Mais qu'est-ce qu'elle fait ? Hystérique ! Nymphomane ! Je vous préviens : elle ne s'approche pas de moi, celle-là ! *(Temps.)* Gourgandine !

Mme Rodriguez - C'est drôle, plus je le regarde, plus il me rappelle quelqu'un… Vous faites pas de la télé ou quelque chose comme ça ?

Tanguy - Si ! C'est exactement ça, madame Rodriguez ! Monsieur est producteur à la télévision ! *(Il essaye d'emmener Stéphane hors de la pièce.)*

Mme Rodriguez - Un producteur ? Pardon ! *(Elle pousse Tanguy et attrape Stéphane.)* Mais j'ai toujours rêvé de faire de la télévision !

Stéphane - C'est super…

Mme Rodriguez - Vous savez, à l'époque, j'avais même préparé un petit quelque chose au cas où je passe au « Millionnaire »…

Annabelle - C'est pas vrai ?!

Stéphane - J'adorais cette émission !

Mme Rodriguez - Oui, eh ben, j'ai gratté, j'ai gratté, j'ai jamais gagné…

Tanguy *(soûlé)* - Comme tout le monde, madame Rodriguez…

Annabelle - Ma mère aussi, elle a gratté ! Elle a tellement gratté, elle a perdu son pouce !

Stéphane *(énervé)* - Eh ben, moi, ma mère, ma mère… Bon, ben, pas mieux !

Mme Rodriguez - « Le Millionnaire », vous vous souvenez ? L'émission avec Philippe Risoli !

Stéphane - Oh oui ! Le grand brun… avec un petit…

Mme Rodriguez - Il tournait la rouc et ça faisait : « Le million ! »

Stéphane, Annabelle et Mme Rodriguez - Le million ! Le million !…

Ils sautent partout en criant.

TANGUY - Stop ! Ça va bien, le million ! On a bien compris, madame Rodriguez. Vous préparez des petits spectacles pour Philippe Risoli, chacun son problème ! Maintenant, Paquita, elle va y aller…

ANNABELLE - Mais non ! Paquita, elle va nous montrer !

MME RODRIGUEZ - Vous voulez bien ?

STÉPHANE et ANNABELLE - Oui !

MME RODRIGUEZ - Mais d'abord, je déplace un peu les meubles parce que je fais beaucoup de mouvements !

TANGUY *(dégoûté)* - Elle déplace les meubles…

STÉPHANE - Oui, ça va détendre l'atmosphère, parce que c'est un peu tendu depuis ce matin…

Ils sortent pendant que Paquita se prépare, aidée par Annabelle.

ANNABELLE - Vas-y, Paquita, fais-nous kiffer !

MME RODRIGUEZ - Allez : un, dos, tres !

Chorégraphie sur « New York, New York ». Annabelle en statue de la Liberté.

ANNABELLE - Bravo ! C'était trop bien ! Allez, Paquita, on recommence !

TANGUY - Non, on recommence rien du tout !

STÉPHANE *(prenant la couronne d'Annabelle)* - Si ! On recommence avec le chapeau !

TANGUY - Non ! Par contre, tu devrais aller boire un petit coup, ça va te faire du bien…

MME RODRIGUEZ - Si, tu as raison, j'ai très soif…

Stéphane sort en boudant. Annabelle le suit.

TANGUY - Ah non ! Je m'adressais à Stéphane pour le petit coup, madame Rodriguez ! Y'a confusion…

MME RODRIGUEZ - Ah oui ! Pardon…

TANGUY - Par contre, vous allez pouvoir y aller, on finira d'éponger, le plus gros est fait, ne vous inquiétez pas !

MME RODRIGUEZ - D'accord, mais vous n'oubliez pas d'appeler le plombier !

TANGUY - Promis ! Dès qu'Arthur raccroche, je me jette sur le téléphone et j'appelle « Plombier Express » direct !

MME RODRIGUEZ - « Plombier Express »? Ah ! ce n'est pas possible ! Ils ne viennent jamais ! Par contre, si vous voulez, je peux vous donner le numéro de mon beau-frère, José. Il travaille très bien, vous verrez, il est très sérieux, et en plus il se déplace muy rápidamente…

TANGUY - Oui, comme nous on va se déplacer muy rápidamente vers la puerta, madame Rodriguez ! Ciao ! *(Il l'accompagne à la porte.)*

MME RODRIGUEZ *(off)* - Non, à plouss' !

TANGUY - Oui, à plouss' ! *(Arthur raccroche et reste prostré.)* Arthur ?… Oh ! Arthur !

ARTHUR - La salope… La salope… La salope !

TANGUY - Tu peux développer ?

ARTHUR - Romane n'est pas enceinte ! J'arrive pas à y croire…

TANGUY - Quoi ?!

ARTHUR - C'est une pure invention pour que je fasse plus attention à elle, pour que nous nous rapprochions soi-disant… Sa mère m'a demandé de l'excuser parce que, tu comprends, elle va pas bien, elle est un peu déstabilisée en ce moment… Mon cul, oui ! C'est une putain de manipulatrice ! Me faire ça, à moi… *(On sonne à la porte.)* Si c'est elle, j'me la fais !

TANGUY - Arrête, Arthur ! C'est une femme, quand même !

Arthur va ouvrir. Richard entre.

RICHARD - Bonjour. Ou plutôt re-bonjour. Salomé est là ?

ARTHUR - Non, elle est à la bibliothèque.

RICHARD - Non ! Je viens d'y passer, elle y est pas.

ARTHUR - Ah bon ?

RICHARD - Oui. Elle est rentrée ?

ARTHUR - Oui !

TANGUY - Non !

ARTHUR - Peut-être !

TANGUY - Des courses !

RICHARD - Quoi ?

ARTHUR - Des courses. Elle est partie faire des courses ! *(Soulagement des jumeaux.)*

TANGUY - Bon, qu'est-ce qui se passe, Richard ?

RICHARD - Salomé s'est foutue de ma gueule…

TANGUY - Pourquoi tu dis ça ?

RICHARD - Parce que j'avais pas rendez-vous chez le dentiste ! Elle m'a menti… Et normalement, ma Pupuce elle ment jamais…

ARTHUR - Elle a simplement dû se tromper de semaine !

RICHARD - Non ! Elle m'a jamais pris de rendez-vous ! Le dentiste me l'a dit ! *(Temps.)* Elle a voulu m'écarter !

ARTHUR **et** TANGUY **-** Quoi ?

RICHARD **-** Je suppute qu'elle a voulu m'écarter !

TANGUY **-** Tu supputes, tu supputes… Mais enfin, Richard, tu subodores des choses…

ARTHUR **-** … qui sont à cent mille lieues de la réalité !

RICHARD **-** Bon, ben, j'vais aller la retrouver à la maison ! Elle doit avoir fini, elle aime pas faire les courses… *(Il se dirige vers la sortie.)*

ARTHUR **et** TANGUY *(l'arrêtant)* **-** Non !

TANGUY **-** Pars pas ! Tiens, on va prendre le p'tit déj' ensemble !

ARTHUR **-** C'est vrai, on n'a pas touché aux croissants !

RICHARD **-** C'est plus du tout le moment de prendre le p'tit déj'…

ARTHUR **-** Si ! On prend jamais le temps de se parler tous les trois ! Tiens, tu vas t'asseoir là et nous parler de toi, de Salomé, de tes ennuis…

RICHARD **-** C'est Salomé, elle m…

ARTHUR *(très énervé)* **-** … parce que tu sais que les ennuis de nos amis sont aussi nos ennuis !

TANGUY **-** C'est très mignon ce que tu viens de dire… *(On sonne à la porte.)* Merde ! Les huissiers !

ARTHUR **-** Tu sais quoi, Richard ? Vous allez vous mettre dans ma chambre, vous serez plus tranquilles…

RICHARD **-** Eh ! tu sais, tu peux me tutoyer ! *(Il rit.)*

Tanguy et Richard sortent. Arthur va ouvrir.
Dufour entre en portant Romane complètement soûle.

ARTHUR **-** Ah ! commissaire !

DUFOUR - Re-bonjour ! J'ai trouvé cette jeune femme en bas. Je pense que c'est votre amie.

Elle jette Romane dans les bras d'Arthur. Tanguy revient.

ROMANE - Alors ? Elle est partie ta pétasse ? Arthur, pourquoi tu m'as fait ça ?

DUFOUR - Cette jeune femme m'a fait beaucoup de révélations sur vous…

ARTHUR - Ah oui ? À moi aussi on m'en a fait beaucoup des révélations sur elle…

TANGUY - Arthur…

DUFOUR - Elle affirme que vous cachez Stéphane Harmi dans votre bar.

ARTHUR - Mais enfin, c'est complètement ridicule ! Elle est complètement soûle, elle dit n'importe quoi ! Elle tient même pas debout !

Il la lâche et la pousse : elle s'écroule par terre.

ROMANE - Pas du tout ! Il est là !

DUFOUR - J'aimerais vérifier afin d'ôter tout soupçon…

ARTHUR - Mais puisqu'on vous dit qu'il n'y a personne !

TANGUY - Très bien. Allez-y.

ARTHUR - Non, mais Tanguy…

Tanguy lui fait signe de se taire. Dufour va voir dans le bar.

DUFOUR - C'est bien ce que je pensais : il n'y a personne.

ROMANE - Mais il était là…

DUFOUR - Bien sûr, oui.

ROMANE - Ils étaient même deux !

DUFOUR - Merci quand même, mademoiselle, mais évitez de vous mettre dans des états pareils, ça n'avance à rien !

ARTHUR *(relevant Romane)* - Je vais la mettre dans ma chambre avec Richard.

TANGUY - Super…

Arthur sort en portant Romane.

ROMANE - Je suis désolée, mon amour, c'est parce que j't'aime trop, j'voulais te garder rien qu'à moi…

ARTHUR *(off)* - Tais-toi, toi, t'es même pas enceinte !

ROMANE *(off)* - Qui c'est qui te l'a dit ?

ARTHUR *(off)* - Ta mère !

Arthur revient.

DUFOUR - J'étais venue pour vous dire que l'affaire est bouclée.

TANGUY et ARTHUR - Pardon ?

DUFOUR *(fière)* - Oui, j'ai arrêté le cousin de votre ami : Bob. Il faisait passer la came chez Stéphane sans que celui-ci s'en aperçoive. Ils l'ont complètement manipulé…

TANGUY - Oui, enfin, ça vous le saviez depuis le début, non ?

DUFOUR - Sa fuite m'a mise dans le doute !

TANGUY et ARTHUR - Oh ! merde ! La fuite !

TANGUY - T'y vas !

ARTHUR - Non, t'y vas !

TANGUY - T'y vas !

ARTHUR - Non, tu y vas !

Tanguy - O.K.! On le joue…

Arthur - D'accord.

Ils se mettent face à face. Arthur compte. À trois, ils tendent leur main en avant.

Tanguy - Super-puissance du puit!

Arthur - Ah non! Tanguy, on avait dit pas le puit!

Tanguy - Super-puissance du puit!

Arthur va dans la salle de bains en râlant.

Arthur - Quand je fais une « super-puissance du puit », il me fait une « contre-super-puissance »! J'en ai marre…

Tanguy *(à Dufour)* - C'est parce qu'on a fait les scouts et… On s'en fout…

Dufour - Il me fallait des preuves.

Tanguy - Et vous les avez?

Dufour - Oui, on a retrouvé la came et l'arme du crime dans les caves du salon. Nous recherchons toujours Stéphane, mais pour son témoignage. Il va nous être utile…

Mme Rodriguez entre sans avoir sonné.

Mme Rodriguez - Ça y est, Tanguy! Je sais où je l'ai vu votre ami le producteur : je l'ai vu dans le journal! *(Elle tend un journal.)*

Arthur se précipite vers elle.

Arthur - Madame Rodriguez, je vous présente le commissaire Dufour!

Mme Rodriguez - Mon Dieu! La police! Bonjour, madame… *(Elle tend la main. Dufour sort sa carte. Tous saluent.)* Ils ont dit qu'il était innocent le monsieur à la télé…

Dufour - Il l'est, madame, ne vous inquiétez pas… Mais où l'a-vez-vous vu ?

Arthur - Dans le journal, elle vient de vous le dire !

Mme Rodriguez - Mais Tanguy, je l'ai vu ici aussi, j'ai même fait « New York » avec lui tout à l'heure !

Dufour - Vous avez fait « New York » avec lui tout à l'heure ?

Mme Rodriguez - Si ! Et maintenant il est dans la cuisine avec l'autre minijupe qui m'a bousillé mon parquet avec ses talons !

Dufour - Dans la cuisine avec l'autre minijupe ? J'ai l'impression qu'on me cache des choses dans cette maison…

Mme Rodriguez - Moi, j'ai rien dit du tout… du tout !

Tanguy - Bon… Stéphane est ici, madame le commissaire. *(Arthur s'évanouit. Mme Rodriguez se précipite vers lui.)* Mais il faut nous comprendre ! C'est notre ami, on savait qu'il était innocent…

Dufour - Vous savez que je peux vous arrêter pour faux témoignage ?

Tanguy - Je sais…

Dufour *(à Arthur et Mme Rodriguez)* - Allez me le chercher !

Mme Rodriguez *(à Arthur, en sortant)* - Vous croyez qu'il voudra bien me signer une dédicace, votre ami le producteur ?

Arthur - Vous m'épuisez, madame Rodriguez…

Ils sortent.

Dufour - Je ne devrais pas vous le dire, mais j'aurais fait la même chose que vous… Vous avez des valeurs, c'est bien.

Tanguy *(surpris)* - Ah oui… L'amitié, c'est important !

DUFOUR - L'amitié, c'est comme un paysage… Si tu veux, tu viens et on partage…

Ils se sont rapprochés et, prêts à s'embrasser, reculent, gênés.

TANGUY - Le téléphone est bien raccroché ? Non, parce que parfois le téléphone est mal raccroché, alors forcément, ça n'appelle pas…

DUFOUR - Vous avez un bel appartement…

TANGUY - Oh !… Deux, trois murs ; deux, trois meubles ; pas de chien, pas de chat, mais c'est sympa…

DUFOUR - À propos de meubles, en montant ce matin, j'ai croisé Maître Chaize, l'huissier de justice.

TANGUY - Merde ! Les huissiers !

DUFOUR - Non, mais ils sont partis…

TANGUY - C'est bon ça…

DUFOUR - Je ne voulais pas que leur travail gêne mon enquête…

TANGUY - Normal !

DUFOUR - Vous recevrez certainement un autre avis de passage ; en général ils sont tenaces… *(De nouveau très proches, ils se reculent, gênés.)* Et puis, dernière chose, je voul…

Tanguy l'embrasse fougueusement. Puis il se reprend.

TANGUY - Excusez-moi, commissaire ! C'est que depuis ce matin, j'ai des pulsions qui vont, qui viennent… et qui reviennent !

Ils se jettent l'un sur l'autre.
Mme Rodriguez, Arthur et Stéphane entrent. Stéphane est nu ;
il se cache derrière un journal.

MME RODRIGUEZ *(en riant)* - Eh ben, dites donc, le M. Stéphane, il était en train de faire de drôles de saloperies dans la cuisine !

STÉPHANE - C'est pas moi !

ARTHUR *(riant)* - Non, c'est pas lui, c'est Annabelle, la chaudasse ! Elle lui est tombée dessus dans la cuisine et elle lui a arraché tous ses vêtements !

STÉPHANE - Oui, c'est l'autre hystérique ! Nymphomane !

MME RODRIGUEZ - On voit son cul…

Stéphane aperçoit le commissaire. Dufour lui montre sa carte. Tous saluent.

DUFOUR - Bonjour.

STÉPHANE - Excusez-moi, madame le commissaire ! Si je me suis enfui ce matin c'est uniquement parce que j'ai eu peur du gros douanier… Mais c'est promis, je recommencerai plus.

DUFOUR - C'est pas grave. Gardez votre salive pour le juge, vous allez en avoir besoin, je pense. *(Elle tend la main vers lui. Il va pour lui serrer la main.)*

MME RODRIGUEZ *(bas, à Arthur)* - C'est comme dans les films…

ARTHUR - Chut…

DUFOUR *(à Stéphane)* - Non, on ne va pas se toucher, je vous propose juste de sortir…

STÉPHANE - Ah… d'accord… *(Il va vers la porte.)*

ARTHUR - On se retrouve à l'église, Stéphane… *(Stéphane passe devant lui pour sortir. Arthur lui arrache le journal en riant.)* Et ça, c'est mon journal !

Stéphane sort en courant, suivi par Dufour.

DUFOUR *(à ses inspecteurs sur le palier)* - Emmenez-le ! Et mettez-lui un slip !

MME RODRIGUEZ *(gênée)* - Oh là là ! J'ai vu sa touffe !

ARTHUR - Tout le monde l'a vue, madame Rodriguez.

MME RODRIGUEZ - Oui, mais moi j'ai pas l'habitude…

ARTHUR *(riant)* - Ah! ben, c'est pas ce qui se dit dans l'immeuble!

MME RODRIGUEZ *(gênée)* - Oh…

DUFOUR *(à Tanguy, en aparté)* - Tu fais quoi demain soir?

TANGUY - Moi? Je fais rien demain soir…

DUFOUR - Vingt heures, chez moi?

TANGUY - O.K., vingt heures, chez toi… euh… chez vous… chez nous, quoi…

> *Pendant l'aparté, Paquita et Arthur se rapprochent discrètement pour écouter.*

DUFOUR - On pourra parler de Maître Chaize. J'ai fait l'école de police avec lui. Vos… *(Voyant Arthur.)* Il a besoin d'aide?

ARTHUR *(s'éloignant avec Paquita)* - Ah non! Je regardais mon horoscope…

DUFOUR - Vos histoires devraient pouvoir s'arranger…

TANGUY - C'est gentil, madame le commissaire…

DUFOUR - Hélène. Je m'appelle Hélène…

TANGUY - Hélène…

DUFOUR - Oui, Hélène Dufour, avec un « f », comme « four »… *(Ils vont s'embrasser.)*

ARTHUR - Y'a « pharmacie » aussi! « Phoque », « philatélie »…

TANGUY - Qu'est-ce qu'on fait? On sort le Scrabble?

MME RODRIGUEZ - Oh si! Un Scrabble! *(Tous la regardent.)* Ah non! Pas là…

DUFOUR *(à Tanguy, lui tendant sa carte)* - Tiens, c'est mon adresse. À demain ?

TANGUY - À demain, Hélène.

DUFOUR *(à tous)* - Mesdames, messieurs, ce fut un plaisir !

Dufour sort.

MME RODRIGUEZ - Eh ben, dis donc, vous lui avez bien tapé dans l'oeil à madame la Police !

ARTHUR - C'est clair ! Il emballe sec, « sexy tomate » !

Le téléphone sonne. Tanguy décroche.

TANGUY *(au téléphone)* - Allô ! (…) Ah ! maman !…

ARTHUR - Tout va bien pour vous, madame Rodriguez ?

MME RODRIGUEZ - Ah si ! Moi, j'adore quand il y a de l'animation comme ça, c'est super !

ARTHUR - Eh ben, là, vous êtes servie !… Mais vous avez bien une maison à regagner…

Tanguy raccroche.

TANGUY - Bon, faut y aller, maman est hystérique.

ARTHUR - Mais on n'est pas en retard !

TANGUY - Non, mais tu sais à quel point maman adore qu'on soit en avance…

MME RODRIGUEZ - Bon, les jumeaux, c'est pas que je m'ennuie, mais il faut encore que je passe voir Mme Rufus, la locataire du dessous… À propos, vous avez appelé le plombier ?

ARTHUR et TANGUY - Il l'a fait !

MME RODRIGUEZ - Et puis dites, votre ami le producteur, vous pourrez lui dire que s'il a un rôle, je suis libre l'après-midi ?

Tanguy - Ah ! vous voulez que je vous pistonne !… Écoutez, pas de problème madame Rodriguez ! Y'a moyen d'avoir une ristourne sur les heures de ménage ?

Arthur - Tanguy !

Tanguy - Mais je plaisante ! Je ne me permettrais pas, madame Rodriguez !

Mme Rodriguez - Qu'il est comique celui-là !

Arthur - C'est parce qu'il a mangé un clown !

Mme Rodriguez - Ah bon ! Il a mangé le…

Arthur - Non, c'est une blague, madame Rodriguez… On mange pas les clowns…

Mme Rodriguez - Ah… Bon, j'y vais. À plouss' !

Arthur et Tanguy - À plouss' !

Mme Rodriguez - Salut !

Mme Rodriguez sort.

Arthur et Tanguy - Faut qu'on déménage !

Arthur - Bon, t'es prêt ? On va pouvoir y aller… Tiens, t'as le téléphone dans les mains, tu appelles Achille, moi j'vais réveiller Romane… *(On sonne à la porte.)* T'attends quelqu'un ?

Tanguy - J'attendais personne depuis ce matin, si tu veux…

Arthur va ouvrir. Salomé entre.

Arthur - Ah ! ben, il manquait plus que toi !

Salomé - J'suis passée me changer mais j'ai pas eu le temps de passer à la banque, j'suis désolée.

Arthur - C'est pas grave.

Salomé - Richard est là ?

Arthur - Merde ! On l'a encore oublié ! Il est dans la chambre avec Romane…

Tanguy - Je vais le chercher !

Tanguy sort.

Salomé - Faut que j'lui dise pour les photos, j'me sens conne de lui cacher ça.

Arthur - T'es sûre ?

Salomé - Ouais, j'veux pas rentrer dans le jeu du mensonge, quoi…

Arthur - Dans ce cas… *(Richard entre.)* Je vais chercher Romane…

Arthur sort.

Richard *(fâché)* - T'étais où ?

Salomé - Richard, il faut que je te parle. J't'ai pas dit la vérité.

Richard - T'étais où ?

Salomé - J'ai fait des photos en sous-vêtements pour un magazine de charme…

Richard - Pourquoi tu m'as rien dit ?

Salomé - Excuse-moi, j'me voyais mal te dire : « Chéri, j'descends poser à poil pour "Penthouse", j'reviens dans une heure ! »

Richard - « Penthouse » ?

Salomé - « Penthouse ».

Richard - « Penthouse » ?

Arthur entre en portant Romane. Il la fait asseoir.

ARTHUR - « Pentouze » !

RICHARD - « Pentouze » ! Mais j'vois très bien c'que c'est !

SALOMÉ - Ah oui ? Et t'as vu ça où ?

RICHARD - Y'a longtemps, chez des camarades de boulot…

SALOMÉ - Ouais, ben, comme ça on est quitte ! Bon, j'vais remettre un p'tit coup de poudre à Romane, ce sera pas de trop…

ARTHUR *(à Romane)* **-** T'as intérêt à te tenir, toi ! Y'aura toute ma famille.

ROMANE - Mais oui…

RICHARD *(fier)* **-** Eh ! t'as vu ? Salomé, elle pose pour « Pentouze » !

Annabelle et Tanguy entrent.

TANGUY - Eh ! regardez qui on avait oublié et qui était en train de dépenser notre fric sur Internet !

ARTHUR - Ah non ! Ça suffit tous les deux avec Internet !

ANNABELLE - Ben, quoi ? Je m'ennuie, moi ! Vous m'avez laissée toute seule depuis tout à l'heure !

ARTHUR - C'est normal, on part à un mariage !

ANNABELLE - Un mariage ? C'est pas possible ! J'adore les mariages !

ARTHUR - Et alors ?

ANNABELLE - Est- ce que je peux venir avec vous, s'il vous plaît ? S'il vous plaît ? S'il vous plaît ?

ARTHUR - Alors là, pas question !

TANGUY - Arthur…

ANNABELLE - S'il te plaît! Je me ferai toute petite, comme la souris! Tu sais, la souris elle est mignonne, elle a des petites dents, des petites moustaches, elle fait : « Mangez du fromage! » Ensuite elle prend un gros bout d'emmenthal, elle croque…

ARTHUR- Stop! Stop! Stop! Allez chercher vos affaires!

ANNABELLE - Youpi!

SALOMÉ - Non, mais c'est qui cette pétasse?

ROMANE - Une salope!

ANNABELLE - Non, c'est Annabelle!

Annabelle sort.

ARTHUR - C'est la nouvelle recrue Internet de Tanguy : Annabelle, une chaudasse…

SALOMÉ - Eh ben, bravo! De mieux en mieux!

TANGUY - Oh! ça va!

RICHARD - Attendez, moi j'la trouve au top, la petite!

SALOMÉ - Hep! hep! hep! Fais gaffe, toi! T'es sur la statuette, faut pas pousser pépé dans les hosties!

Annabelle revient.

ANNABELLE - Ça y est! Je suis prête!

TANGUY - Alors c'est parti! Arthur, t'as les clés de la voiture?

ARTHUR - Oui, je crois.

ROMANE *(soûle)* - Si vous voulez, j'peux conduire!

TOUS *(en sortant)* - Bien sûr!

Ils sortent. Le téléphone sonne. Tanguy reste en scène.

ARTHUR *(off)* - Réponds pas, Tanguy, on va être en retard!

Tanguy décroche.
On entend tous les autres en off qui discutent sur le palier.
Arthur revient.

ARTHUR - Tanguy, qu'est-ce que tu fous ? *(Les trois autres reviennent en scène.)* Mais je vous avais demandé d'attendre sur le palier ! On va jamais décoller ! Bon, Tanguy ! *(Tanguy raccroche, l'air grave.)* Tanguy, qu'est-ce qui se passe ?

TANGUY - C'est Achille…

ARTHUR - Qu'est-ce qu'il a Achille ?

TANGUY - Il est mort…

Silence.
Une chanson triste démarre.
La lumière se baisse doucement.

NOIR

AVIS IMPORTANT

Cette pièce de théâtre fait partie du répertoire de la Société des Auteurs et Compositeurs Dramatiques, 11 bis rue Ballu 75442 PARIS Cedex 09. Tél. : 01 40 23 44 44. Elle ne peut donc être jouée sans l'autorisation de cette société.

Nous conseillons d'en faire la demande avant de commencer les répétitions.

1er trimestre 2007
Première édition, dépôt légal : février 2007
N° d'édition : 200704
ISBN : 2-84422-557-8